어린이를 위한 성경 공부

마태복음

© 2011 Nazarene Publishing House
ISBN 978-1-56344-721-1

미국 영어판 편집자: 킴벌리 아담스 (Kimberly D. Adams)
국제 어린이 사역부장: 레슬리 하트 (Leslie M. Hart)
국제 영어판 편집자: 앨리슨 서더랜드 (Allison L. G. Southerland)
기타 언어판 실행 편집자: 앨리슨 서더랜드 (Allison L. G. Southerland)
편집 위원회: 댄 해리스 (Dan Harris), 네이트 오웬스 (Nate Owens), 뷸라 포스틀웨이트 (Beula Postlewait)
겉표지 편집: 그렉 화이트 (Greg White)

Originally published in English as
Children's Bible Studies in Matthew
Copyright © 2011 Beacon Hill Press de Kansas City
A Division of Nazarene Publishing House

This edition published by arrangement
with Nazarene Publishing House
Kansas City, Missouri USA

본서에 사용한 성경전서 개역개정판의 저작권은 재단법인 대한성서공회의 소유이며 재단법인 대한성서 공회의 허
    락을 받고 사용하였음

THE HOLY BIBLE
Old and New Testaments
New Korean Revised Version
© Korean Bible Society 1998, 2000, 2003, 2005
Used by permission. All rights Reserved.

목차

환영합니다!

환영합니다!

　　마태복음 어린이 성경 공부에 함께 참여하는 여러분 반갑습니다! 어린이들은 이번 성경 공부 모음집을 통해 하나님은 성결하시며 그의 백성들이 잘못된 판단을 내렸을 때에도 주님은 늘 우리에게 신실하시다는 사실을 배우게 될 것입니다.

　　마태복음 어린이 성경 공부는 어린이를 위한 성경 공부 시리즈인 6권 중 첫 번째입니다. 이 성경공부는 어린이들이 성경의 역사적인 흐름을 알고 성경의 사건들의 의미를 배울 수 있도록 해줍니다. 어린이들은 공과 내용을 통해 사람들을 향한 하나님의 사랑을 발견하고 그들이 머무른 장소들도 하나님께서 미리 계획하셨다는 것을 알게 될 것입니다. 하나님은 그의 목적을 이루시기 위해 기적을 사용하실 때도 있습니다. 또한 그의 사명을 이루는 일에 사람들을 통해 일하실 때도 많습니다.

　　본 어린이 성경 공부의 기본 정신은 어린이들이 성경의 말씀을 이해하고, 하나님께서 사람들을 어떻게 도우셨는지 배우고, 하나님과의 관계를 통해 그 분을 더 알아가는 데 있습니다. 또한, 성경 공부, 성경 암송, 그리고 실제 생활에서 성경의 가르침을 적용하는 방법을 배우는 일도 포함이 됩니다.

　　어린이 성경 공부는 개역 개정판을 사용하여 성경 말씀을 인용했습니다.

6권의 성경 공부 교재

　　다음 설명은 이번 시리즈의 6권의 내용에 대한 개략과 상호 관계를 보여줍니다.

　　창세기는 기초를 마련해 줍니다. 창세기는 하나님께서 무에서 세상을 창조하신 방법을 설명하고, 남자와 여자를 만드신 방법, 그들에게 아름다운 동산을 집으로 만들어주신 방법을 설명하고 있습니다. 이 두 사람은 죄를 지었고, 자신들의 죄가를 치르게 되었습니다. 창세기는 이렇게 하나님과 사람 사이의 깨어진 관계를 회복시키시는 하나님의 계획을 소개하고 있습니다. 창세기 속에는 아담, 하와, 노아, 아브라함, 이삭, 야곱이 나옵니다. 하나님은 아브라함에게 언약을 맺으셨고 (창:15) 이삭과 야곱을 통하여 그 언약을 재다짐하셨습니다. 창세기는 요셉이 사람들을 기근으로부터 구하는 이야기로 끝이 납니다. 기근으로 인해 하나님의 백성들은 이집트로 옮겨오게 됩니다.

　　출애굽기는 창세기 15장에서 하나님이 아브라함과 맺은 언약을 어떻게 지켜나가시는지를 보여줍니다. 하나님은 이스라엘 백성들을 이집트의 노예 생활에서 구원해 내십니다. 주님은 모세를 택해서 그들을 인도하십니다. 또한 그들을 향한 아버지로서의 관계를 세우셨습니다. 그리고 제사장 제도와 성막, 십계명 및 다른 율법들을 세우심으로 이스라엘 백성들을 이끌고 다스리셨습니다. 출애굽기의 마지막 부분에서는, 주님이 아브라함에게 세우신 언약 중 일부분만이 이루어졌습니다.

여호수아/사사기/룻기는 창세기 15장에서 하나님께서 세우신 언약을 어떻게 완성하시는지를 보여줍니다. 이스라엘 백성들은 하나님께서 아브라함에게 약속하신 땅에 드디어 입성해서 정복하게 됩니다. 선지자들, 대제사장들, 율법, 예배 의식은 모두 하나님은 주님이시고 이스라엘의 왕이시라는 것을 선포합니다. 이스라엘의 열두 지파는 약속된 땅에 자리잡게 됩니다. 이 공과에서는 사사 드보라, 기드온, 삼손에 요점을 둡니다.

사무엘 상/하에서는, 다른 나라들이 왕을 세운 것처럼 이스라엘 백성들이 왕을 원했습니다. 이 본문에서는 사무엘, 사울, 다윗의 이야기가 펼쳐집니다. 예루살렘은 통합된 이스라엘의 중심지가 됩니다. 이 공과에서는 다른 사람들이 자신들의 죄에 맞서 대응할 때 그들의 반응이 어떻게 다를 수 있는지를 보여줍니다. 사울은 다른 사람들을 비판하거나 자신의 변명을 늘어놓는 반면, 다윗은 자신의 죄를 인정하고 하나님께 용서를 구하였습니다.

마태복음은 전체 시리즈의 요점을 담고 있습니다. 예수님의 탄생, 생애, 사역에 초점을 두고 있습니다. 위에 소개된 본 시리즈의 공과들이 모두 하나님의 아들이고 구세주이신 예수님을 향해 주목하였습니다. 예수님은 새로운 세대를 이끌어내셨습니다. 아이들은 몇 가지 사건을 통해 이 새로운 세대에 대해 배우게 될 것입니다. 그 사건들은 예수님의 가르침, 돌아가심, 부활하심, 그리고 제자들의 멘토가 되어 주신 것입니다. 하나님은 예수님을 통해 사람들이 하나님과의 새로운 관계를 만들 수 있는 길을 마련해 주셨습니다.

사도행전의 시작 부분에서, 예수님은 하늘에 오르시고, 하나님께서는 교회를 돕기 위해 성령을 보내주십니다. 예수 그리스도를 통한 구원의 복음은 세상의 많은 곳으로 전파되었습니다. 신자들은 이방인들에게 복음을 전파했고 선교 사역이 시작되었습니다. 하나님의 사랑에 대한 메시지는 유대인과 이방인 모두를 변화시켰습니다. 사도 바울과 베드로의 전도 사역은 오늘날 사람들의 삶과 직접적인 관계가 있습니다.

성경 공부 기간

어린이 성경 공부의 선택 퀴즈 대회에 참여하고자 하는 참석자들을 위해 다음의 기간을 제안합니다.

마태복음 (2011-2012년)
*사도행전 (2012-2013년)
창세기 (2013-2014년)
출애굽기 (2014-2015년)
여호수와/사사기/룻기 (2015-2016년)
*사무엘 상/하 (2016-2017년)
마태복음 (2017-2018년)

*세계 성경 퀴즈 대회가 열리는 해를 표시함

스케쥴

어린이 성경 공부는 20개의 공과로 이루어져 있습니다. 매 공과 공부는 60분에서 120분 정도의 시간이 필요합니다. 아래와 같이 시간 배분을 정할 수 있습니다.

» 활동 15분
» 성경의 가르침 30분
» 암송 요절 15분
» 추가 활동 30분 (선택)

» 성경 퀴즈 연습 30분 (선택)

준비

각 공과의 준비 과정은 중요합니다. 선생님이 준비가 잘 되어 있고 효과적으로 가르칠 때, 아이들은 **훨씬** 더 집중할 수 있고 공과 내용을 잘 이해할 수 있게 됩니다. 매 공과의 짙은 글씨로 쓰여진 부분은 교사가 아이들에게 말하는 내용입니다. 다음은 교사가 수업을 준비하면서 따라야 하는 몇 가지 단계입니다.

1 단계: 대강 훑어보기. 암송 요절, 성경의 진리, 요점, 교사를 위한 도움의 말 등을 읽어본다.

2 단계: 성경 본문과 성경 해설. 해당 공과의 성경 본문, 성경 해설의 내용, 신앙의 어휘, 인물, 장소, 어휘 등을 읽는다.

3 단계: 활동. 이 부분에서는 아이들이 성경의 가르침을 준비할 수 있도록 게임이나 기타의 활동을 하게 한다. 활동의 내용, 지시 내용, 준비물 등을 익힌다. 필요한 준비물을 교실에 들고 간다. 아이들이 교실에 도착하기 전에 활동 준비를 마친다.

4 단계: 성경의 가르침. 미리 읽어서 아이들에게 이야기처럼 말해줄 수 있도록 연습한다. 아이들은 선생님이 책을 읽는 듯한 것보다는 이야기해주는 듯한 내용을 더 좋아한다. 각 공과의 신앙의 어휘, 인물, 장소, 기타의 어휘들을 이용하여 이야기를 해주며 필요한 추가 정보들을 공급한다. 이야기가 끝나면, 복습 질문들을 이용한다. 아이들이 이야기를 이해하고 자신들의 삶에 적용하는데 도움이 될 것이다.

5 단계: 암송 요절. 아이들에게 가르치기 전에, 교사가 먼저 습득한다. 필요한 암송 요절들과 암송을 위한 게임과 활동들이 137-138쪽에 나와 있다. 그 중 아이들이 효과적으로 요절을 암송할 수 있는 활동을 선택한다. 선택한 활동이 익숙해지도록 숙지한다. 활동을 위한 설명을 읽고 준비물을 챙겨서 교실에 가져간다.

6 단계: 추가 활동. 추가 활동들은 공과 공부의 선택 활동으로 어린이 성경 공부를 효과적으로 만들기 위한 활동들이다. 대부분의 활동은 준비물, 보조 자료, 시간을 추가로 필요로 한다. 선택한 활동이 익숙해지도록 익힌다. 설명을 읽고 준비물을 준비한다. 필요한 준비물을 교실에 가져간다.

7 단계: 퀴즈 연습. 퀴즈는 어린이 성경 공부 대회로 선택 활동에 속한다. 만약 퀴즈 대회 참석을 준비하고 있다면, 시간을 투자하여 아이들을 준비시킨다. 매 공과마다 연습 퀴즈 문제들이 나온다. 처음에 나오는 10 문제는 기본 문제들이다. 매 문제마다 3개의 답이 나오며 모든 답은 간단하게 만들어졌다. 다음 10 문제는 고급 수준이다. 매 문제마다 4개의 답이 주어져 있으며 문제들은 어느 정도의 이해력을 필요로 한다. 선생님의 도움으로 아이들은 자신의 수준을 결정한다. 아이들의 수와 공급할 수 있는 자료의 양을 바탕으로 어느 한쪽 수준만 선택하여도 무방하다. 연습 문제를 묻기 전에, 아이들에게 먼저 관련 성경 본문을 읽어준다.

어린이 성경 퀴즈

어린이 성경 퀴즈

어린이 성경 퀴즈는 선택 활동입니다. 개교회 또는 어린이 개인이 성경 퀴즈 대회의 참석 여부를 결정할 수 있습니다.

퀴즈 대회는 본 성경공부 교재에 설명된 규칙을 따릅니다. 어린이들은 한 사람의 우승자를 결정하기 위해 서로 경쟁하는 것이 아닙니다. 교회들도 마찬가지로 한 개교회의 우승을 위해 서로 경쟁하는 것이 아닙니다.

퀴즈의 목적은 어린이들이 성경에 대해 배운 내용을 확신하고, 대회를 즐기고, 대회에 임하는 그리스도인의 태도와 행동을 제대로 소화하는 능력을 배우기 위한 것입니다.

퀴즈에 있어서, 어린이들은 입상하기 위해 노력하게 됩니다. 이러한 접근에서, 어린이들은 남들과의 경쟁이 아닌 지식에 근본을 두고 경쟁을 해야 합니다. 퀴즈는 객관식으로 모든 아이들이 답할 수 있도록 합니다. 다지 선답형으로 몇 가지 답을 제시하며, 아이들은 그 중 맞는 답을 고릅니다. 이러한 접근법은 모든 아이들이 우승할 수 있는 가능성을 마련해 줍니다.

퀴즈 준비물

아이들이 퀴즈 문제에 답하기 위한 번호가 표시된 카드들이 필요합니다. 정사각형의 두꺼운 종이 위에 1,2,3,4라고 씁니다. 이 숫자들은 퀴즈 박스에 들어가는 크기입니다.

퀴즈 박스와 숫자판, 그림 등은 미국 미조리주 캔사스시 나사렛 출판사에서 구입할 수 있습니다.

퀴즈 박스와 숫자를 구할 수 없다면, 종이, 종이 접시, 나무 혹은 다른 재료를 이용해 만들 수 있습니다. 정답을 표시할 수 있는 한 세트의 숫자판과 퀴즈박스는 모든 아이들에게 필요합니다.

각 반에 아이들의 답을 채점해 줄 도우미가 필요합니다. 140쪽에 재사용 가능한 점수표가 있습니다. 이 점수표를 이용하여 모든 아이들의 점수를 기록합니다.

가능하다면, 매 퀴즈 대회마다 아이들의 결과에 대한 상을 준비합니다. 준비할 수 있는 상으로는, 수여증, 스티커, 리본, 트로피, 또는 메달 등이 있을 수 있습니다.

다음의 규칙을 따릅니다. 어린이 성경 퀴즈 정식 대회의 규칙과 절차에 합당하지 않은 방법으로 진행된 퀴즈 대회는 본 대회의 어느 수준의 대회에도 적용할 수 없습니다.

어린이 퀴즈 정식 대회 규칙과 절차

나이와 학년

1-6학년의 아이들은 어린이 성경 대회에 참석할 수 있다. 나이와 상관없이 중학교 1학년의 아이들은 청소년 퀴즈에 참여한다.

* 미국 이외의 지역에서는 1-6학년은 보통 만 6-12세에 해당한다.

기본급 성경 퀴즈 대회 (Basic Level)

기본급 퀴즈 대회는 저학년이나 초급자들을 위한 것이다. 쉬운 수준의 내용을 선호하는 고학년의 아이들도 기본급 퀴즈 대회에 참여할 수 있다. 기본급 퀴즈 대회의 문제의 내용들은 간단하다. 각 질문에 세 개의 답안이 주어지며 총 15개의 질문이 있다. 각 지방 또는 지구별 어린이 성경 퀴즈 대회 담당자는 각 퀴즈 대회의 문제와 몇 차의 라운드로 경쟁할지 결정한다. 대부분의 대회는 2-3차의 라운드로 구성된다.

고급 성경 퀴즈 대회 (Advance Level)

고급 성경 퀴즈는 고학년과 경험이 있는 학생들을 위한 대회이다. 저학년 중에서도 더 어려운 문제에 도전하고 싶은 학생들은 고급 성경 퀴즈 대회에 참석할 수 있다. 고급 수준의 문제들은 조금 더 높은 이해력을 요구한다. 각 문제마다 네 개의 항목의 답이 주어지며 매회 20개의 문제로 구성된다. 지구 어린이 성경 퀴즈 담당자는 퀴즈 대회의 문제와 라운드 수를 결정한다.

수준 변경

초대 선수 성경 퀴즈 대회에서는 아이들은 기본급과 고급 사이에서 수준을 변경할 수 있다. 이 과정을 통해 교사들과 아이들은 각자의 수준을 잘 파악하는 데 도움을 얻을 것이다.

구역, 지방, 지구별 퀴즈 대회에서, 각 담당자들은 모든 아이들의 수준을 기본급 또는 고급 대회 중 한 쪽을 선택해서 등록해야 한다. 모든 어린이들은 그 선택한 수준으로 구역, 지방, 지구별 퀴즈 대회에 참석하게 된다.

퀴즈 대회의 종류

초대 선수 퀴즈 대회 (Invitational Competence)

초대 선수 퀴즈 대회는 2-3개의 개교회간 개최하는 대회이다. 개교회, 구역, 지방별 어린이 성경 퀴즈 담당자들은 초대 선수 퀴즈 대회를 조직할 수 있다. 대회를 조직한 담당자들은 문제 출제의 책임을 맡는다.

연회/지역 퀴즈 대회 (Zone/Area Competence)

각 지방회는 보통 소 단위의 개교회들로 구성된 연회로 이루어져 있다. 만약 한 연회의 참석자가 다른 연회보다 많은 경우, 작은 연회들을 합치거나 큰 연회를 나누어서 그 참석자 수를 골고루 맞출 수 있다. 지역은 연회가 나뉘거나 합쳐서 된 단위를 말한다.

각 연회/지역에 속한 개교회들은 그 속한 단위에서 대회에 참석한다. 지방 어린이 성경 퀴즈 담당자는 대회를 조직한다.

연회/지역의 성경 퀴즈 대회는 공식 문제를 사용한다. ChildQuiz@nazarene.org로 이메일을 보내 중앙 어린이 성경 퀴즈 사무국으로 부터 공식 출제된 문제들을 요청하면 된다.

지방 성경 퀴즈 대회 (District Competence)

연회/지역 성경 퀴즈 대회에서 우승한 아이들은 지방 성경 퀴즈 대회에 참석하게 된다. 각 지방 어린이 성경 퀴즈 담당자들은 대회 참석자의 자격 조건을 결정하고 대회를 조직한다.

지방별 성경 퀴즈 대회 문제는 공식 문제를 사용한다. ChildQuiz@nazarene.org로 이메일을 보내 중앙 어린이 성경 퀴즈 사무국으로부터 공식 출제된 문제를 요청하면 된다.

지구 성경 퀴즈 대회 (Regional Competence)

지구 성경 퀴즈 대회는 2-3개 지방간의 대회이다. 지구 어린이 성경 퀴즈 담당자가 있는 경우, 그 담당자가 대회 참석자의 자격 조건을 결정하고 대회를 조직한다. 만약 담당자가 없다면, 현 지구 조정관이 대회를 조직한다.

지구 성경 퀴즈 대회의 문제는 공식문제를 사용한다. ChildQuiz@nazarene.org에 이메일을 보내 중앙 어린이 성경 퀴즈 사무국으로부터 공식 출제된 문제를 요청한다.

세계 성경 퀴즈 대회 (World Quiz Competence)

매 4년마다, 국제 어린이 사역 사무국은 국제 세계 성경 퀴즈 대회를 후원한다. 국제 어린이 사역은 날짜, 장소, 비용, 예선 날짜, 전체적인 예선 과정을 결정한다.

* 자세한 정보는 이메일로 문의한다:
ChildQuiz@nazarene.org

지방 어린이 성경 퀴즈 대회 담당자

지방 어린이 성경 퀴즈 담당자는 어린이 성경 퀴즈 공식 대회 규칙과 절차에 준하여 모든 대회를 주관한다. 담당자는 어린이 성경 퀴즈 공식 대회에 준하는 범위 내에서 추가 성경 퀴즈 과정을 소개할 수 있는 권한을 갖고 있다. 지방 어린이 성경 퀴즈 담당자는 필요한 경우, 국제 어린이 사역 소속 중앙 어린이 성경 퀴

즈 사무국(General Children's Quizzing Office)에 연락하여 특정 지방을 위해 어린이 성경 퀴즈 공식 대회 규칙과 절차를 수정할 것을 요청할 수 있다. 지방 어린이 성경 퀴즈 담당자는 어린이 성경 퀴즈 공식 대회 규칙과 절차의 내용에 준하는 범위 내에서 필요한 결정을 내리고 문제를 해결할 수 있다. 지방 어린이 성경 퀴즈 담당자는 필요한 경우, 중앙 어린이 성경 퀴즈 사무국에 연락하여 구체적인 상황에 해당하는 공식 규칙에 대해 의논할 수 있다.

지구 어린이 성경 퀴즈 담당자

지구 어린이 성경 퀴즈 담당자는 지구 내에 속하는 모든 지방 어린이 성경 퀴즈 담당자들로 구성되는 지구 어린이 성경 퀴즈 임원회를 조성한다. 지구 어린이 성경 퀴즈 담당자는 다른 지구간 같은 절차를 지키기 위하여 임원회와 긴밀한 관계를 유지한다. 담당자는 어린이 성경 퀴즈 공식대회 규칙과 절차에 준하여 지구 어린이 퀴즈대회를 조직하고 진행한다. 지구 어린이 성경 퀴즈 담당자는 국제 어린이 사역 내의 중앙 어린이 성경 퀴즈 사무국에 연락하여 어린이 성경 퀴즈 공식대회 규칙과 절차의 수정을 요청할 수 있다. 담당자는 어린이 성경 퀴즈 공식대회 규칙과 절차의 내용에 준하여 모든 문제를 해결한다. 지구 어린이 성경 퀴즈 담당자는 필요한 경우, 중앙 어린이 성경 퀴즈 사무국에 연락하여 특정 상황에 해당하는 규칙에 대한 문의를 할 수 있다. 담당자는 중앙 어린이 성경 퀴즈 사무국에 연락하여 지구 성경 퀴즈 대회의 날짜를 중앙 총회 달력에 기록할 것을 요청할 수 있다.

미주와 캐나다 지역에서는, 지구 어린이 성경 퀴즈 담당자는 새롭게 만들어진 직위이다. 현재로는 지구 어린이 성경 퀴즈 담당자가 그 지구 내의 지방 어린이 성경 퀴즈 담당자들을 통솔하는 위치를 담당하고 있지 않다.

성경 퀴즈대회 진행자

성경 퀴즈대회 진행자(퀴즈 마스터)는 대회의 문제를 참석자들에게 읽어준다. 진행자가 문제와 주어진 예시들을 두 번 읽어준 후에 참석자들은 정답을 선택한다. 진행자는 중앙 어린이 성경 퀴즈 사무국과 지방 어린이 성경 퀴즈 담당자와 지구 조정관이 제정한 어린이 성경 퀴즈 공식대회 규칙과 절차를 따른다. 의견 차이가 있을 경우에는, 최종 결정은 지방/지구 어린이 성경 퀴즈 담당자가 어린이 성경 퀴즈 공식대회 규칙과 절차에 근거한 후 할 수 있다. 논의할 사항이 있어 채점자와 지방/지구 어린이 성경 퀴즈 담당자가 모여 회의를 열 때 진행자도 함께 참석할 수 있다. 진행자는 중간 휴식 (타임아웃)을 선언할 수 있다.

채점자

채점자는 어린이들이 대답한 정답들을 채점한다. 채점자는 어려운 문제를 놓고 다른 채점자들과 지방/지구 어린이 성경 퀴즈 담당자들이 회의를 열 때 함께 참석할 수 있다. 모든 채점자들은 동일한 방법과 표시를 사용하여 점수표가 정확하게 기입되도록 한다.

공식대회 문제지

공식 연회/지역 그리고 지방 성경 퀴즈대회 문제지를 받을 수 있는 사람은 지방 어린이 성경 퀴즈 담당자 한 사람 뿐이다.

또한 공식 지구 성경 퀴즈 대회 문제지를 받을 수 있는 사람은 지구 어린이 성경 퀴즈 담당자 한 사람뿐이다. 만약 지구 성경 퀴즈 담당자가 없는 경우, 지구 대회에 참여하는 지방 퀴즈 담당자중 한 명을 지정해 공식 지구 성경 퀴즈 대회 문제를 받을 수 있게 한다.

연도별로 출제되는 공식 문제 신청 서류는 매년 12월에 이메일로 보내진다. 이메일 주소가 변경된 경우, 중앙 어린이 성경 퀴즈 사무국 ChildQuiz@nazarene.org 에 이메일로 알린다. 공식 문제지는 신청한 사람에 한하여 1월 중순쯤에 이메일로 보내진다.

경쟁 방법

경쟁 방법에는 두 가지가 있다.

개인경쟁

개인경쟁 부문의 대회에서, 개개인의 참석자는 다른 개인과 경쟁하게 된다. 각 어린이들의 점수는 개인적으로 기록된다. 같은 개교회 소속의 어린이들은 함께 앉을 수 있지만, 개교회나 팀 성적을 내기 위해 점수를 합산하지는 않는다. 개인경쟁 참석자들에게는 보너스 문제가 주어지지 않는다.

기본급 성경 퀴즈 대회는 개인경쟁 부문만 가능하다.

혼합경쟁

혼합경쟁 방법은 개인과 팀 경쟁이 함께 존재한다. 이 방법에서는, 개교회들이 개인 참석자들, 팀 참석자들, 혹은 개인과 팀을 합친 혼합팀을 구성할 수 있다.

지방 어린이 성경 퀴즈 담당자는 한 팀을 구성하는 명 수를 결정한다. 모든 팀은 같은 수의 팀원수로 구성되어야 한다. 한 팀은 4-5명으로 구성되는 것이 바람직하다.

참석 인원수가 충분하지 않은 개교회에서 온 아이들은 개인경쟁 참석자로 참석할 수 있다.

혼합팀 경쟁에서는, 팀들은 보너스 문제를 풀 수 있다. 보너스 문제를 맞춰서 받은 보너스 점수는 개인 참석자의 점수가 아닌 팀의 총 점수에 합산이 된다. 연회/지역, 지방, 지구별 성경 퀴즈 대회를 위한 공식 보너스 문제가 주어진다. 보너스 문제에는 보통 요절 암송이 포함될 때가 많다.

지방 어린이 성경 퀴즈 담당자는 고급 성경 퀴즈 대회를 위해 개인 경쟁 또는 혼합 경쟁 방법을 선택할 수 있다.

동점

　개인 참가자 또는 팀 참가자들 사이의 동점은 그냥 동점으로 기록된다. 동점을 받은 모든 개인 또는 팀 참가자들은 동일한 인정과 동급의 상을 받으며, 똑같이 다음 단계의 대회에 참석하게 된다.

보너스 문제

　보너스 문제들은 고급 대회 중 개인 경쟁을 제외한 팀 경쟁 부문에서 주어진다. 팀들은 보너스 문제를 맞출 자격 조건을 갖추어야 한다. 보너스 질문은 매 5번, 10번, 15번, 20번 문제 바로 뒤에 주어진다.

　보너스 문제를 맞출 자격을 갖추기 위해서는, 팀은 오답의 수가 팀 인원수 이하여야 한다. 예를 들면, 네 명으로 이루어진 팀은 오답수가 네 개 또는 그 이하인 경우에만 보너스 문제를 맞출 자격이 주어진다. 다섯 명으로 이루어진 팀은 오답수가 다섯 개 또는 그 이하인 경우이다.

　보너스 문제를 맞춘 점수는 맞춘 개인의 점수가 아닌 그 개인이 속한 팀의 점수로 계산된다.

　지방 어린이 성경 퀴즈 대회 담당자는 참가자들이 보너스 문제를 대답하는 방법을 결정한다. 대부분의 경우, 참가자들은 채점자들에게 구두로 대답한다.

　보너스 문제를 읽어주기 전에, 개교회의 어린이 성경 퀴즈 담당자는 팀원 중 한 사람을 정하여 대답하게 한다. 한 아이를 모든 보너스 문제의 발표자로 지정할 수도 있고, 매 보너스 문제마다 다른 아이가 돌아가면서 발표할 수 있도록 해도 된다.

작전 타임

　지방 어린이 성경 퀴즈 담당자는 개교회가 행사할 수 있는 작전 타임의 횟수를 결정한다. 모든 개교회들은 개인 또는 팀 참석자의 수와는 관계없이 같은 횟수

의 작전 타임 횟수를 부여받는다. 예를 들면, 지방 담당자가 단 1회의 작전 타임을 허락하면, 모든 개교회들은 1회의 작전 타임만 실시할 수 있다.

　지방 어린이 성경 퀴즈 담당자는 모든 게임에서 게임 중간에 동일한 시점에서 작전 타임을 자동으로 실시할 것인지 결정한다.

　개교회 어린이 성경 퀴즈 담당자는 그 개교회 팀의 작전 타임을 요청할 수 있는 유일한 사람이다.

　지방 어린이 성경 퀴즈 담당자 또는 대회 진행자는 대회 중간 어느 때라도 타임 아웃을 실시할 수 있다.

　대회 시작 전, 지방 어린이 성경 퀴즈 담당자는 대회에서 실시되는 작전 타임의 시간의 길이를 결정한다. 모든 타임 아웃의 시간은 동일해야 한다.

채점

　채점에는 두 가지 방법이 있다. 지방 어린이 성경 퀴즈 대회 담당자가 다음 중 한 가지 방법을 선택한다.

5 점

» 모든 정답에는 5점씩 주어진다. 예를 들면, 한 개인 참가자가 고급 대회에서 20문제를 맞춘 경우 총 100점이 주어진다.

» 고급 팀 경쟁 부분에서 맞춘 매 보너스 문제에 5점씩 주어진다. 예를 들면, 고급 대회에서 네 명으로 구성된 팀의 모든 팀원들이 각각 20문제씩 맞추고 팀 전체가 보너스 문제를 4개 맞춘 경우 총점은 420점이 된다.

기본 대회에서는 문항수가 15개로 고급 대회보다 적기 때문에 총점이 더 낮으며, 개인 경쟁만 가능하다.

1 점

아래와 같이 매 정답마다 1점씩 주어진다.

» 매 정답마다 1점씩 주어진다. 예를 들면, 고급 대회

에서 한 개인 참가자가 20개의 문제를 맞춘 경우, 총점은 20점이 된다.

» 고급 팀 경쟁 부문의 모든 정답에 1점씩 주어진다. 예를 들면, 고급 대회에 참석하는 네 명으로 구성된 팀의 모든 팀원들이 각각 20문제씩을 맞추고 팀 전체가 4개의 보너스 문제를 맞추었다면, 팀의 총점은 84점이 된다.

기본 대회는 문항 수가 적기 때문에 총점이 더 낮으며, 개인 경쟁만 가능하다.

시정 요청

시정 요청은 예외적인 상황에 가능하며 대회 도중 일어나는 일은 드물다.

해당 문제에서 정답으로 처리된 답이 주어진 성경 말씀에 근거하여 정답이 아닌 것으로 판단된 경우 시정 요청을 할 수 있다. 그 밖의 이유로 인한 시정 요청은 무효 처리된다.

대회 참가자나, 어린이 성경 퀴즈 담당자, 또는 기타의 대회 관련자들은 문제와 답의 단어 선택이나 표현이 마음에 안 든다거나, 문제가 너무 어렵거나 명확하지 않다는 이유 등으로 시정 요청을 할 수 없다.

개교회 어린이 성경 퀴즈 담당자만 대회의 질문 내용에 대해 시정을 요청할 수 있다.

그 외의 개인이 시정을 요청할 경우, 그 시정 요청은 자동으로 무효화된다.

참가자들이 대회 중 시정 요청을 하는 경우, 대회를 방해할 뿐더러 참가가들이 대회에 집중하는 데 방해가 된다. 계속해서 무효한 시정 요청을 하거나 규칙에 대해 반론을 일으키는 참가자들은 그 후에 주어지는 문제에 대답할 권한을 잃게 된다.

지방 어린이 성경 퀴즈 담당자, 또는 부재 중인 경우에는 대회 진행자가 시정 요청의 특권을 악용한 참가자들이 질문에 답할 수 있는 권리를 박탈하는 권한을 발휘한다.

지방 어린이 성경 퀴즈 담당자는 대회가 시작되기 전에 시정 요청의 방법을 결정한다.

» 시정 요청은 구두로 할 것인가, 또는 서면으로 할 것인가?
» 개인이 시정 요청을 할 수 있는 시기는 언제인가? (대회중 또는 대회 마지막 부분)

지방 어린이 성경 퀴즈 담당자는 퀴즈대회가 열리는 해의 연초에 개교회 성경 퀴즈 담당자에게 시정 요청에 대한 절차를 설명해야 한다.

대회 진행자나 지방 성경 퀴즈 담당자는 시정 요청에 대한 규칙을 위해 다음의 단계를 따른다.

» 시정 요청이 합당한지 합당하지 않은지 결정한다. 이를 위해서, 시정 요청을 하는 사람의 이유를 귀 기울여 듣는다. 만약 이유가 합당하면, 정답으로 채점된 답은 성경 말씀에 근거하여 오답으로 처리된다. 지방에서 만들어진 시정 요청 절차를 따른다.
» 시정 요청의 이유가 합당하지 않은 경우, 시정 요청은 무효가 되고 대회는 계속 진행된다.

같은 문제에 한 명이상이 시정 요청을 하는 경우, 대회 진행자나 지방 어린이 성경 퀴즈 담당자가 한 개교회 퀴즈 담당자를 지명하여 시정에 대한 이유를 설명하게 한다. 한 문제가 시정 요청을 받은 경우, 다른 참가자는 동일 문제에 대하여 시정을 요청하지 않는다.

시정 요청이 무효가 된 경우, 지방 어린이 성경 퀴즈 담당자 또는 담당자가 부재중인 경우에는 대회 진행자가 시정 요청을 받은 문제를 어떻게 처리할 것인지를 결정한다. 다음 중 한 가지를 선택할 수 있다.

선택 A: 문제를 제거하고 다시 보충하지 않는다. 그 결과로는 대회에서 주어진 20문제가 19문제가 된다.

선택 B: 시정 요청을 받은 문제를 모두가 맞춘 것으로 점수를 준다.

선택 C: 시정 요청을 받은 문제를 대체한다. 참가자들에게 새로운 문제를 낸다.

선택 D: 시정 요청을 받은 문제의 정답을 맞추었던 참가자의 점수를 그대로 유지시킨다. 나머지 학생들에게 다른 문제를 내어 기회를 준다.

상장 수여

어린이 성경 퀴즈 대회는 모든 참가자들이 모든 문제에 대답할 기회를 주고 각자가 맞춘 정답수에 해당하는 상을 받는 것에 그 철학을 두고 있다. 그러므로, 어린이 성경 퀴즈는 다지선답형을 추구하고, 동점도 그대로 유지한다.

참가하는 어린이들이나 개교회들은 서로를 놓고 경쟁하지 않는다. 모두가 상을 받기 위해 경쟁하는 것이다. 같은 점수를 받은 개인 또는 팀 참석자들은 모두 같은 상을 받게 된다. 동점은 동점으로 처리된다.

상을 수여하는 기준 점수

» 동상 = 70-79%

» 은상 = 80-89%

» 금상 = 90-99%

» 올스타 대상 = 100% 만점

모든 채점과 시정 요청 문제는 시상식 이전에 처리한다. 대회 진행자와 채점자들은 시상식 발표 이전에 모든 최종 점수가 정확한지 확인해야 한다.

일단 상을 시상한 이상, 상을 받은 어린이에게서 상을 다시 되돌려 받지 않는다. 실수로 잘못된 상을 수여한 경우라도, 받아야 하는 상이 이미 받은 상보다 높은 상인 경우에만 대체하고 받은 상보다 낮은 상으로 바꾸어야 하는 경우는 그대로 놓아 둔다. 이것은 개인 참석자 또는 팀 참석자 모두에게 해당한다.

경쟁 윤리

지방 어린이 성경 퀴즈 담당자는 어린이 성경 퀴즈 공식 대회 규칙과 절차에 준하여 모든 성경 퀴즈 대회를 진행해야 할 의무를 지닌다.

1. **답을 맞추기 전에, 질문에 귀 기울인다.** 모든 대회에서 같은 질문을 사용하기 때문에, 참가자나 담당자가 대회 참석 이전에 타 연회/지역, 지방, 또는 지구 퀴즈 대회에 참석하는 일은 옳지 않다. 만약 성경 퀴즈 관련자가 타 대회에 미리 참석하게 된 경우, 지방 어린이 성경 퀴즈 담당자는 해당 개교회의 대회 참석을 취소할 수 있다. 참가자 본인이나 부모 중 한 명이 타 대회에 미리 참석하게 되는 경우, 지방 어린이 성경 퀴즈 담당자는 해당 교회의 대회 참석을 취소할 수 있다.

2. **성경 퀴즈 관련자들의 행동과 자세.** 어른들은 프로 정신을 갖고, 성숙한 기독교인의 자세로 임한다. 지방 어린이 성경 퀴즈 담당자, 대회 진행자, 또는 채점자들과의 마찰이 일어나는 회의 내용에 대해서는 거론하지 않는다. 또한 그러한 내용들을 아이들이 알지 못하게 한다. 협력하는 정신과 정당한 경쟁을 하는 것이 중요하다. 지방 어린이 성경 퀴즈 담당자의 결정과 규칙은 그대로 존중한다. 일단 결정이 된 사항에 대해서는 아이들과 퀴즈 관련 어른들에게 긍정적인 자세로 알린다.

부정 행위

부정 행위는 심각한 문제이다. 그러므로 진지하게 처리한다.

지방 어린이 성경 퀴즈 담당자는, 지방 어린이 사역

위원회가 상의하여, 참가하는 어린이나 관련된 어른이 부정 행위를 한 경우에 취할 수 있는 규칙을 만든다.

모든 개교회의 어린이 사역 담당자들, 유년부 사역자들, 성경 퀴즈 담당자들에게 이에 대한 지방의 규칙과 절차가 어떻게 되는지 알린다.

참석 어린이와 관련 어른의 부정 행위를 지적하기 전에, 부정 행위가 일어난 정황과 증거를 먼저 파악한다.

다음은 그 절차의 한 가지 예가 될 수 있다. 퀴즈 대회는 부정 행위 후로도 계속 진행이 되어야 하며 부정 행위를 했던 참가자가 다른 사람들 앞에서 당황하거나 수치스러워하지 않으면서 대회에 계속 임할 수 있도록 일을 처리한다.

» 만약 한 참가자가 부정 행위를 했다고 의심이 되면, 그 참가자 주변에 가서 지켜볼 도우미를 한 사람 지목하되 의심 받는 아이를 구체적으로 지목하여 알리지는 않는다. 대회의 문제가 계속 주어지는 동안, 지켜본 도우미의 의견을 묻는다. 만약 도우미가 아무런 부정 행위를 목격하지 못했다면, 대회를 계속 진행한다.

» 만약 도우미가 한 참가자가 부정 행위를 하는 것을 목격했다면, 도우미에게 다시 한번 그 사실을 확인한다. 모든 사람이 동의할 때까지 어떠한 행위도 취하지 않는다.

» 해당 개교회 성경 퀴즈 담당자에게 그 문제를 설명하고 담당자가 부정 행위를 한 아이와 조용히 이야기를 나누도록 부탁한다.

» 대회 진행자, 부정 행위를 확인한 도우미, 개교회 어린이 성경 퀴즈 담당자는 다른 부정 행위가 계속 되는지 관찰해야 한다.

» 만약 부정 행위가 계속 된다면, 대회 진행자와 개교회 어린이 성경 퀴즈 담당자는 부정 행위를 한 참가자와 조용히 이야기를 나누어야 한다.

» 만약 부정 행위가 계속 된다면, 대회 진행자는 개교회 어린이 성경 퀴즈 담당자에게 참가자가 대회에서 얻은 점수를 모두 취소한다.

» 만약 채점자가 부정 행위를 했다면, 지방 어린이 성경 퀴즈 담당자는 채점자를 물리고 새로운 채점자를 그 위치에 세운다.

» 만약, 참관자들 중에 누군가가 부정 행위를 했다면, 지방 성경 퀴즈 담당자는 그 상황에 가장 적합한 방법으로 이 문제를 해결한다.

미해결 사항들

그 밖의 미해결 사항들에 대해서는, 중앙 어린이 성경 퀴즈 사무국과 상의한다.

제 1 공과

마태복음 1:18-2:23

암송 요절

"아들을 낳으리니 이름을 예수라 하라 이는 그가 자기 백성을 그들의 죄에서 구원할 자이심이라 하니라" (마태복음 1:21)

성경의 진리

예수님은 하나님께서 우리에게 약속하신 하나님의 아들이시며 구세주이시다.

요점

이번 공과에서 어린이들은 하나님께서는 자신의 약속을 지키신다는 사실을 배우게 된다.

교사를 위한 도움의 말

성경 공부를 이끌어감에 있어, 예수님은 하나님의 아들이라는 점을 학생들에게 상기시킨다. 예수님은 온전한 하나님이시며 온전한 사람이시다. 이 공과 내용의 '처녀'라는 말은 결혼하지 않은 여인을 의미한다.

성경 해설

구약 시대에 하나님께서는 그의 백성들을 가르치신 내용과 그들을 위해 하신 일들을 잘 기억하라고 여러차례 말씀하셨다. 하나님께서는 그들이 하나님과의 관계 속에서 배워온 경험을 통해 앞으로의 삶에 큰 교훈을 얻기를 바라셨다. 사람들은 하나님이 그의 행동과 성품에서 늘 한결같은 분이시라는 것을 배웠다.

만약 어떤 선지자가 하나님께 보내심을 받았다고 주장하면서도 사람들이 하나님에 대해 배운 것과 일치하지 않는 메시지를 선포한다면, 그 선지자는 거짓 선지자일 것이다. 그러므로 유대의 그리스도인들에게 예수님은 구약 선지자들의 말씀을 이루시는 분임을 선포하는 일은 마태에게 매우 중요한 일이었다. 예수님은 약속받은 구세주였으며, 그의 사명은 하나님의 계획을 계속 이행하는 일이었다.

예수님께서 구약의 선지자들의 말씀을 이루셨다는 것은 무슨 의미인가? 예수님의 삶이 출애굽과 같은 구원의 역사에서 보여진 그 전의 사건들과 병행한다는 사실은 하나님께서 친히 관여하신다는 놀라운 증명이라 할 수 있다.

하나님의 성품

» 하나님은 그의 아들 예수를 보내시어 우리를 죄로부터 구원하신다.
» 하나님은 그의 약속을 지키신다.

인물

성령은 하나님의 영이시다.
예수님은 하나님의 독생자이며, 세상의 구세주이시다. 예수님은 온전한 하나님이시며 또한 온전한 사람이다.
동방 박사는 예수님을 만나러 동방에서 온 현인들이다

헤롯왕은 예수님이 태어나셨을 당시 유대의 왕이었다.

선지자는 하나님의 선택을 받아 그의 특별한 메시지를 받고 전달하는 사람이다.

장소

베들레헴은 예수님이 탄생하신 도시의 이름이다.

예루살렘은 유대인들이 예배를 드리기 위해 모였던 주요 도시이다.

나사렛은 예수님이 사셨던 갈릴리의 한 마을이다.

기타 어휘

유황은 하나님께 번제를 드리기 위해 태웠던 좋은 향을 가진 물질이다.

몰약은 사람들이 기름이나 향수를 만들때 섞거나, 장사를 지낼 죽은 자의 몸에 발랐던 유액이다.

활동

수업 전에, 활동 장소의 영역을 실내로 할지 실외로 할지 확실히 정한다.

"동박 박사"가 될 3명의 아이들을 정한다. 아이들에게 동박 박사들은 예수님이 태어나실 때에 동방에서 온 현인들이라고 설명한다. 선택된 "동방 박사들"은 눈을 감거나 가린 후 50까지 세게 한다. "동방 박사들"이 수를 세는 동안, 다른 아이들은 흩어져서 숨을 장소를 찾는다. 다 숨으면 "동방 박사들"은 숨은 아이들을 찾는다. "동방 박사들"이 마지막으로 찾은 3명의 어린이들이 새로운 "동방 박사들"이 되어 게임을 진행한다. 시간이 허락되는 한, 모든 아이들이 "동방 박사"가 될 때까지 게임을 계속한다.

학생들에게 말한다: **오늘은 특별한 선물을 찾고 있는 동방 박사들에 대해 배울 것입니다.**

성경의 가르침

아이들에게 이야기하기에 앞서 마태복음 1:18-2:23에서 응용한 다음의 이야기를 준비한다.

마리아와 요셉은 사람들에게 결혼 발표를 했습니다. 그 후, 마리아는 결혼 전에 "성령으로 잉태하게" 된 것을 알게 되었습니다.

요셉은 그녀와 조용히 파혼하고자 했습니다. 그러나, 천사가 요셉의 꿈에 나타나서 말했습니다. "다윗의 자손 요셉아, 네 아내가 될 마리아를 무서워하지 말고 데려 오너라. 곧 아들을 낳게 될 것이니 그 이름을 예수라 하여라. 이것은 그가 자기 백성들을 죄에서 구원할 자이기 때문이다."

이는 주님께서 선지자들을 통해 하신 말씀을 이루시는 것입니다. "보라 처녀가 잉태하여 아들을 낳을 것이요 그의 이름은 임마누엘이라 하셨으니, 곧 '하나님이 우리와 함께 계시다'는 뜻이니라."

요셉은 꿈에서 깨어 천사가 시킨 대로 했습니다. 마리아가 아기를 낳았을 때, 요셉은 그 아기에게 예수라는 이름을 지어 주었습니다.

예수님이 유대의 베들레헴에서 태어난 후, 동방 박사들은 유대인의 새로운 왕이 탄생하신 것을 경배하기 위해 예루살렘으로 왔습니다. 동방 박사들은 왕에게 물었습니다. "유대인의 왕으로 나신 이가 어디 계십니까? 우리가 동방에서 그의 별을 보고 그에게 경배하러 왔습니다."

헤롯왕이 이를 듣고 소동하였고 대제사장들과 백성의 서기관들은 아기의 탄생은 베들레헴일 것이라고 말했습니다. 헤롯왕은 동방 박사들에게 아기 그리스도를 찾게 되면 그가 태어난 것이 언제이며 어디인지를 알려 달려고 부탁했습니다.

동방 박사들은 그들에게 나타난 별을 따라 갔고 그 별은 아기가 있는 곳에 멈추었습니다. 동방 박사들은 그 아기를 보고 무릎을 꿇어 경배했습니다. 그리고 예수님께 그들이 가져온 황금, 유향, 몰약을 드렸습니다. 그러나, 하나님께서는 그들에게 꿈 속에서 헤롯왕에게로 돌아가지 말라고 이르셨습니다. 그래서 그들은 올 때와는 다른 길로 동방으로 돌아갔습니다.

동방 박사들이 떠난 후, 주님의 천사가 요셉의 꿈 속에 나타나셨습니다. 천사는 요셉에게 아기와 어미를 데리고 이집트로 도망가라고 말씀하셨습니다. 요셉은 천사가 시키는 대로 했습니다. 그들은 헤롯왕이 죽을 때까지 이집트에 머물렀습니다.

헤롯왕은 동방 박사들이 그냥 돌아간 것을 알고, 화가 많이 났습니다. 그는 베들레헴과 그 주변에 사는 2살 미만의 남자 아이들을 모두 죽이라고 명령했습니다.

헤롯왕이 죽은 후, 천사는 요셉에게 다시 나타나 아기와 어미를 데리고 이스라엘로 돌아가라고 말씀하셨습니다. 요셉은 이번에도 천사가 시킨 대로 하였습니다. 하나님께서는 요셉의 꿈 속에 다시 나타나셔서 또 다른 경고를 주셨습니다. 그래서, 요셉과 그의 가족은 갈릴리 지방의 나사렛이라는 동네로 이동했습니다. 이를 통해 예수님이 나사렛 사람이라고 칭하리라는 선지자의 말씀을 이루었습니다.

아이들이 다음 질문을 대답할 수 있도록 한다. 맞고 틀린 답은 없다. 이 질문들은 아이들이 이야기를 잘 이해하고 본인들의 삶에 적용할 수 있도록 도와 줄 것이다.

1. 누군가 여러분에게 약속을 한 적이 있습니까? 그 사람은 약속을 지켰습니까? 약속을 지키지 않는 사람을 보면 어떤 기분이 듭니까?
2. 예수님은 온전한 하나님이시며 온전한 사람입니다. 이것은 사실입니까? 이 사실은 우리의 삶에 어떤 영향을 미칩니까?

3. 요셉이 천사의 지시를 따른 일은 용기와 믿음이 따른 일이었다고 생각합니까? 왜 그렇다고 생각합니까? 또는 왜 그렇지 않다고 생각합니까?
4. 헤롯왕은 왜 예수님이 죽기를 원하였습니까?
5. 이번 암송 요절인 마태복음 1장 21절은 이 이야기와 어떤 관련이 있습니까? 이 말씀이 여러분에게 어떠한 희망을 주고 있습니까?

학생들에게 말한다: **다른 사람이 여러분에게 했던 약속을 생각해 보십시오. 그 사람이 여러분과 한 약속을 지키기까지 여러분은 오랜 시간을 기다려야 했습니까?** 하나님은 그의 백성들에게 메시아, 곧 구세주를 보내주시겠다고 약속을 했습니다. 그들은 그 메시아가 올 때까지 오랜 시간을 기다렸습니다.

이스라엘 사람들은 그들의 메시아가 왕의 모습으로 와서 그들의 적으로부터 자신들을 구해 주실 거라고 믿었습니다. 하지만, 하나님께서는 그 메시아를 아기의 모습으로 보내주셨습니다. 그 아기는 하나님이기도 하고 사람이기도 했습니다.

암송 요절

이번 공과 내용의 암송을 연습한다. 137-138쪽에 암송을 위한 몇 가지 아이디어가 실려 있다.

추가 활동들

어린이들의 효과적인 성경 공부를 위하여 다음 중 몇 가지 추가 활동을 선택할 수 있다.

1. **여러분이 동방 박사 중 한 사람이라고 상상해 보세요. 여러분이라면 헤롯왕의 말을 듣겠습니까? 아니면 하나님의 말씀을 듣겠습니까?** 각 결정에 따른 장점과 단점들을 비교하기 위한 챠트를 만들어 본다.
2. 아이들이 마리아와 요셉과 함께 이집트로 여행하고 있다고 상상해보게 한다. 예수님은 아주 어렸고, 가족들은 그런 예수님을

위험으로부터 안전하게 지키기 위해 먼 곳으로
떠나야 했다. 마리아와 요셉이 여행했던
거리를 지도로 만들어 거리를 수치화 해본다.
그들의 여행에 필요했던 물건들은 어떤 것들이
있을지 적어 보고 발표하게 한다.

성경 퀴즈 기본 문제

아이들의 성경 퀴즈 준비를 위해 마태복음 1:18-2:23을 읽어준다.

1 요셉과 결혼을 약속한 사람은 누구입니까? (1:18)
1. 엘리사벳
2. **마리아**
3. 라헬

2 요셉이 마리아와 파혼하려고 할때 천사는 요셉에게 무엇이라고 말했습니까? (1:19-20)
1. **마리아를 아내 삼으라고**
2. 조용히 파혼하라고
3. 비밀리에 결혼하라고

3 요셉이 아기를 예수라고 이름을 지은 이유는 무엇입니까? (1:21)
1. 집안 내에 좋은 이름이었다.
2. **예수님은 그의 백성들을 그들의 죄로부터 구원할 분이시기 때문이다.**
3. 중요한 인물들은 모두 예수라는 이름을 갖고 있었다.

4 예수님의 탄생 후에, 동방에서 예루살렘으로 온 사람들은 누구입니까? (2:1)
1. **동방 박사들**
2. 헤롯왕
3. 예수님의 몇몇 사촌들

5 동방 박사들은 왜 동방에서 왔습니까? (2:2)
1. 헤롯왕을 경배하기 위해
2. 마리아와 요셉을 경배하기 위해
3. **새로 태어난 유대인의 왕을 경배하기 위해**

6 동방 박사들은 예수님을 보았을 때 어떻게 했습니까? (2:11)
1. 무릎을 꿇고 경배했다.
2. 선물을 드렸다.
3. **위의 두 답이 모두 정답이다.**

7 아기 예수를 죽이려고 찾은 자들은 누구입니까? (2:13)
1. 이집트의 왕 파라오
2. **헤롯왕**
3. 페르시아의 왕

8 마리아와 요셉, 예수님은 이집트에서 얼마나 오랫동안 머물렀습니까? (2:15)
1. 예수님이 12살이 될 때까지
2. 요셉이 죽을 때까지
3. **헤롯왕이 죽을 때까지**

9 헤롯왕이 죽은 후, 천사는 요셉에게 무엇을 하라고 말했습니까? (2:19-20)
1. **"아이와 어미를 데리고 이스라엘로 가라"**
2. "아이와 어미를 데리고 베들레헴으로 가라"
3. "아이와 어미를 데리고 성전으로 가라"

10 선지자들은 사람들이 예수님에 대해 어떻게 말할 것이라고 했습니까? (2:23)
1. 기적을 행하는 자
2. **나사렛 사람**
3. 그 누구보다 훌륭한 사람

성경 퀴즈 고급 문제

아이들의 성경 퀴즈 준비를 위해, 마태복음 1:18-2:23을 읽어 준다.

1 마리아와 요셉이 결혼하기 전에 어떠한 일이 일어났습니까? (1:18)

   1. 마리아는 요셉과 결혼하지 않기로 했다.

   2. 요셉은 다른 여인과 비밀리에 결혼하였다.

   3. 마리아의 부모님은 두 사람의 관계를 막았다.

   4. 마리아는 성령으로 아기를 잉태하였다.

2 요셉은 어떠한 사람이었습니까? (1:19)

   1. 거만한 사람

   2. 죄 많은 사람

   3. 나사렛 동네의 성공한 사업가

   4. 의로운 사람

3 요셉은 아기의 이름을 무엇이라고 지었습니까?(1:25)

   1. 예수

   2. 요셉

   3. 요한

   4. 모세

4 헤롯왕이 동방 박사들의 말을 들었을 때, 어떠한 행동을 하였습니까? (2:4,7)

   1. 대제사장들과 율법 학자들을 불러 모았다.

   2. 대제사장들과 율법 학자들에게 그리스도의 출생이 어디에서였을지 물었다.

   3. 동방 박사들을 몰래 만나서, 그 별이 언제 나타났는지 물었다.

   4. 위의 답 모두 정답이다.

5 동방 박사들은 왜 올 때와는 다른 길로 돌아갔습니까? (2:12)

   1. 집에 빨리 돌아가고 싶어서

   2. 어떤 사람이 꿈 속에 나타나서 헤롯에게 돌아가지 말라고 해서

   3. 세상의 다른 장소들을 가보고 싶어서

   4. 헤롯왕에게 보고해야 하는 것을 잊어 버려서

6 동방 박사들이 떠난 후, 주님의 천사는 요셉에게 무엇이라 말했습니까? (2:13)

   1. 아기와 그의 어머니를 이집트로 데리고 가라고

   2. 하나님께서 돌아가라고 할 때까지 이집트에 머무르라고

   3. 헤롯왕이 예수를 죽이기 위해 찾을 것이라고

   4. 위의 답 모두 정답이다.

7 헤롯왕이 동방 박사들이 그를 속였다는 것을 알았을 때, 그는 어떤 행동을 했습니까? (2:16)

   1. 스스로 베들레헴을 찾아갔다.

   2. 동방 박사들을 잡기 위해 군사들을 보냈다.

   3. 베들레헴과 근방에 있는 2살 미만의 사내아이들을 죽이라고 명령했다.

   4. 예수님을 찾으러 이집트로 내려갔다.

8 헤롯왕이 죽은 후에 어떤 일이 일어났습니까? (2:19-20)

   1. 천사가 요셉에게 나타나 마리아와 예수님을 데리고 이스라엘로 돌아가라고 말씀하셨다.

   2. 이집트의 왕이 예수님을 찾아서 죽이려고 했다.

   3. 마리아와 요셉은 이집트에 평생 머무르기로 결정했다.

   4. 어떤 선지자들은 예수님을 만나러 이집트를 방문했다.

9 마리아, 요셉, 예수님이 나사렛에 갔을 때 어떻게 선지자의 말을 이루게 되었습니까? (2:23)

   1. 모든 진실한 선지자들은 나사렛 출신이다.

   2. 사람들은 예수님을 나사렛 사람이라고 불렀다.

   3. 예수님은 나사렛에서 행복한 어린 시절을 보냈다.

   4. 위의 모든 답이 정답이다.

10 다음의 요절 뒤에 나오는 말씀은 어느 것입니까? : 아들을 낳으리니 이름을 예수라 하라 이는…" (마 1:21)

   1. "그가 자신의 백성을 그들의 죄에서 구원할 자이기 때문이다."

   2. "내가 이것을 명령하기 때문이다."

   3. "그것이 선지자들이 그를 위해 지은 이름이기 때문이다."

   4. "그것이 좋은 이름이기 때문이다."

제 2 공과

마태복음 3:1-4:12, 17:25

암송 요절

"예수께서 대답하여 이르시되 기록되었으되 사람이 떡으로만 살 것이 아니요 하나님의 입으로부터 나오는 모든 말씀으로 살 것이라 하였느니라 하시니" (마태복음 4:4)

성경의 진리

예수님은 유혹을 이기기 위해서 하나님의 말씀을 사용하셨다.

요점

이번 공과에서는, 어린이들이 세례 요한에 대해서 배우게 된다. 그는 사람들에게 회개하고 메시야가 오실 때를 위해 준비하라고 가르쳤다. 요한은 예수님께 세례를 드렸다. 이 사건 이후, 사탄은 광야에서 예수님을 시험했다. 예수님께서 갈릴리 바다를 따라 걸어가고 계실때, 그는 첫 번째 제자들을 부르셨다.

교사를 위한 도움의 말

교사가 성경 공부를 이끌어감에 있어서, 예수님의 제자가 된다는 것은 무엇을 의미하는지에 초점을 둔다.

성경 해설

하나님의 말씀은 사람들의 행동이 정의로와지는지 또는 사악해지는지에 중요한 역할을 한다. 이번 공과에서는, 우리는 그것이 어떻게 가능한지에 대해 배운다.

세례 요한은 하나님의 예언에 대한 선지자 이사야의 말씀을 이루었다. 마태의 복음서는 구약 시대에 역사하셨던 하나님께서 신약 시대에도 여전히 역사하고 계시다는 것을 보여 주고 있다.

바리새인들과 사두개인들은 율법에 있어서 전문적인 학자들이었지만, 요한은 그들을 비판했다. 그들은 성경 말씀을 잘못 해석했다. 많은 유대인들은 그들의 가르침을 따랐다. 그래서 바리새인들과 사두개인들은 유대인들이 하나님에게서 멀어지게 만들었다.

예수님께서 광야에서 시험을 당하셨을 때, 사탄은 예수님이 죄를 짓도록 유혹하기 위해 성경 말씀을 인용하였다. 그러나, 예수님은 사탄을 대적하기 위해 말씀으로 대응하셨다. 구약의 가르침은 여전히 우리가 하나님을 더 잘 알 수 있도록 해주며, 우리 삶을 위한 그의 뜻이 무엇인지 알 수 있게 해준다. 우리가 유혹을 받을 때에도, 우리는 성경 말씀의 도움으로 저항할 수 있게 된다.

우리는 성경을 대함에 있어 바른 자세를 갖추어야 한다. 우리가 읽는 내용을 올바로 이해하고 적용해야 한다.

하나님의 성품

» 하나님은 우리를 돕기 위해 성령을 보내주신다.
» 하나님은 우리가 유혹을 이길 수 있도록 도우신다.

신앙적 어휘

성령은 하나님의 영이시다. 우리가 예수님을 구세주로 믿을 때 성령은 우리가 하나님을 위해 살 수 있도록 권세를 주신다.

인물

바리새인들은 유대인의 종교적인 집단으로 모세의 율법을 철저하게 따랐던 사람들이다. 그들은 율법 위에 다른 규칙과 관습들을 더하였다.

사두개인들은 모세의 율법을 지키는 것만을 믿었던 성직자들의 가정에서 나온 유대 지도자들이다. 그들은 죽은 자의 부활이나 천사의 존재를 믿지 않았다.

기타 어휘

세례는 그리스도 안에서 다시 태어났음을 상징하는 의식이다.

금식은 주로 음식을 정해진 기간동안 금하는 것이다. 하나님께 초점을 맞추고 기도하기 위하여 금식을 하고 그 시간을 드린다.

회개는 죄에서 돌이켜 하나님께 돌아오는 것이다.

유혹은 하지 말아야 하는 일을 하고 싶어하는 것을 말한다.

활동

본 활동을 하기 위해서는 다음의 물품을 준비해야 한다:

» 눈가리개
» 장애물로 사용할 의자나 다른 물건들
» 불투명 테이프

수업을 시작하기 전에, 방안 이 곳 저 곳에 장애물들을 배치해 놓는다. 아이들이 장애물을 통과해서 지나갈 경로를 미리 정해 놓는다. 그 경로를 바닥에 테이프를 붙여 표시한다.

술래를 뽑는다. 술래에게 방에서 잠시 나가 있으라고 말한다. 술래가 밖에 나가 있는 동안, 다른 아이들에게 이렇게 말한다: **오늘은 하나님의 말씀이 우리가 유혹에 빠지지 않도록 도와주신다는 사실에 대해 배울 것입니다. 선생님이 안대를 쓴 술래에게 바른 길을 지시할** 것입니다. 선생님이 지시하는 동안, 여러분들은 술래에게 소리치며 잘못된 길을 알려주어야 합니다. 여러분은 술래가 옳지 않은 길로 가도록 유도해야 합니다.

술래를 다시 방으로 부른다. 술래를 경로의 출발점에 세우고 두 눈 위에 안대를 씌운다. 학생들에게 이렇게 말한다: **선생님이 술래에게 경로를 잘 따라갈 수 있도록 길을 지시해 줄 것입니다. 선생님 목소리에만 귀를 기울이세요!**

술래에게 보통 목소리 크기로 길을 알려준다. 술래는 선생님의 지시를 따라서 경로의 도착점까지 와야 한다. 시간이 허락되면, 다른 아이들에게 술래를 시킨다.

학생들에게 이렇게 말한다: **하나님께서는 성경을 통해서 우리에게 길을 알려 주십니다. 우리가 성경을 공부하면, 유혹을 이기는 방법을 배우게 됩니다. 오늘 우리는 사탄이 예수님을 시험에 들게 한 사건에 대해 배울 것입니다.**

성경의 가르침

수업 전에, 마태복음 3:1-4:12, 17-25에서 응용한 다음의 이야기를 준비한다.

세례 요한은 사막에서 말씀을 전하기 시작했습니다.

그는 "회개하라! 천국이 가까이 왔느니라." 라고 말했습니다. 세례 요한은 '누군가 사막에서 말씀을 선포하며 예수님의 길을 예비할 것이라고' 했던 이사야 선지자의 말씀을 이루었습니다.

요한은 낙타의 털로 만든 옷을 입고 있었고 가죽 벨트를 매고 있었습니다. 그는 메뚜기와 들꿀을 먹으면서 살았습니다. 사람들은 먼 곳에서 그를 만나러 왔습니다. 요한의 말씀을 들은 많은 사람들이 그들의 죄를 회개했습니다. 요한은 이들에게 세례를 주었습니다.

요한이 바리새인들과 사두개인들을 보고 이렇게

말했습니다. "독사의 자식들아! 회개에 합당한 열매를 맺으라. 속으로 아브라함이 우리 조상이라고 생각하지 말라. 내가 너희에게 이르노니 하나님이 능히 이 돌들로도 아브라함의 자손이 되게 하시리라. 이미 도끼가 나무 뿌리에 놓였으니 좋은 열매를 맺지 아니하는 나무마다 찍혀 불에 던져질 것이다."

그는 계속해서 말했습니다. "나는 물로 세례를 베풀지만, 내 뒤에 오시는 이는 나보다 능력이 많으셔서 성령과 불로 너희에게 세례를 베푸실 것이다."

예수님께서 요한에게 나오시며, 그에게 세례 받기를 원하셨습니다. 요한은 예수님께 이렇게 말하였습니다. "내가 당신에게 세례를 받아야 하는데, 당신이 내게로 오십니까?"

예수님께서 이렇게 대답하셨습니다. "이제 허락하여라. 우리가 이와 같이 하여 모든 의를 이루는 것이 합당하다."

요한이 예수님께 세례를 드렸을 때, 하나님의 영이 비둘기처럼 하늘에서 임하여 예수님의 머리 위에 머무르셨습니다. 그리고 하늘에서 목소리가 들렸습니다. "이는 내 사랑하는 아들이요, 내 기뻐하는 자라."

요한이 예수님께 세례를 드리고 난 후, 예수님은 광야로 가셨습니다. 예수님은 40일 밤낮을 금식하셨습니다. 그리고 예수님은 시장끼를 느끼셨습니다. 그러자, 사탄은 예수님을 이렇게 유혹했습니다. "네가 진정 하나님의 아들이라면 이 돌이 떡덩어리가 되게 해보아라."

예수님께서 대답하셨습니다. "성경 말씀은 사람이 빵으로만 살 것이 아니라, 하나님의 입에서 나오는 모든 말씀으로 살 것이라고 하였다."

사탄이 예수님을 예루살렘성으로 끌고 가서 성전 가장 꼭대기에 세우고 말하였습니다. "네가 하나님의 아들이라면, 여기에서 뛰어 내려 보아라. 성경 말씀은 하나님이 너를 위하여 자기 천사들에게 보내셔서 너를 보호해 주실 것이라고 하셨다."

예수님께서 대답하셨습니다. "성경 말씀에 또 써 있기를, 주 너의 하나님을 시험하지 말라고 하였다."

그러자 사탄은 예수님을 매우 높은 산으로 데리고 가서, 세상의 모든 나라와 그 영광을 보여 주며 말했습니다. "네가 나에게 엎드려 절을 하면, 이 모든 것을 네게 주겠다."

예수님께서 그에게 말씀하셨습니다. "사탄아, 물러 가라. 성경에 써 있기를 주 너의 하나님께 경배하고, 그 분만을 섬기라고 하셨다." 그 때 사탄은 떠나가고, 천사들이 와서 예수께 시중을 들었습니다.

예수님은 요한이 잡힌 소식을 들으시고 갈릴리로 가셨습니다. 예수님께서 걸어 가시다가, 두 형제인 베드로라고 불렸던 시몬과 안드레를 보셨습니다. 그들은 그물을 던져 물고기들을 낚고 있었습니다. 예수님께서는 그들에게 말씀하셨습니다. "나를 따라오너라. 내가 너희를 사람을 낚는 어부가 되게 할 것이다." 그들은 곧 그물을 버리고 예수님을 따랐습니다.

예수님께서는 또 다른 두 형제를 만나셨습니다. 그들은 야고보와 요한으로 세베대의 아들들이었습니다. 그들 역시 어부였습니다. 예수님께서 그들을 부르셨더니, 곧 그물을 버리고 예수님을 따랐습니다.

예수님은 갈릴리를 두루 다니셨습니다. 그는 회당에서 가르치시고, 백성들에게 복음을 전파하셨습니다. 예수님께서는 또한 병자들을 고치셨습니다. 예수님에 대한 소문이 온 수리아에 퍼졌고, 사람들은 수리아의 병자들을 예수님께 데리고 왔습니다. 병자들 중에는 귀신 들린 사람들과 중풍 병자들도 있었습니다. 예수님께서는 그들 모두를 고치셨습니다. 예수님께서 가시는 곳마다 많은 사람들이 모였습니다.

아이들에게 다음의 질문에 대답할 수 있도록 권한다. 맞고 틀린 답은 없을 것이다. 이 질문들은 아이들이 이야기를 바로 이해하고 그들의 삶에 적용하는데 도움이 될 것이다.

1. 세례 요한이 예수님께 세례를 드렸을 때 어떤 생각을 했을까요?
2. 예수님은 왜 시험을 당하셨습니까? 여러분의 삶 속에서 경험한 시험에는 어떤 것들이 있습니까?
3. 예수님께서는 왜 베드로, 안드레, 야고보, 요한을 그의 제자로 부르셨습니까?

학생들에게 말한다: **예수님께서 광야에서 지내시는 일은 쉽지 않은 일이었습니다. 햇빛이 뜨겁게 내리쬐었습니다. 예수님께서는 40일 밤낮을 금식하셨기에 배가 무척 고프셨습니다.**

사탄은 예수님을 세 가지의 다른 방법으로 시험하셨습니다. 그러나, 예수님은 사탄의 유혹들과 싸우셨습니다. 예수님은 우리에게 유혹을 이기기 위해 사용할 수 있는 성경 말씀을 알려 주셨습니다. 우리도 사탄이 우리를 시험할 때 그 말씀들을 사용할 수 있습니다.

암송 요절

오늘의 암송 요절을 연습한다. 137-138쪽에 몇 가지 아이디어가 제시되어 있다.

추가 활동

어린이들의 효과적인 성경 공부를 위하여 다음 중 몇 가지 추가 활동을 선택할 수 있다.
1. 마태복음 3:13-17을 읽어 준다. 크레파스, 싸인펜, 연필들을 이용하여, 각자가 예수님의 세례 받으시는 모습을 그림으로 그린다. 모두 함께 요한이 예수님께 세례를 드렸을 때 일어났던 일들에 대해 이야기해 본다.
2. 어린이들이 겪는 유혹들에 대해 적어 본다. 그리고 고린도전서 10장 13절을 읽는다. 이 말씀을 긴 종이에 적어서 모두가 매일 볼 수 있도록 현수막을 걸어 놓는다. 하나님께서 우리에게 이렇게 약속해 주신 것에 감사한다. "시험당할 즈음에 너희로 능히 감당하게 하시느니라"

성경 퀴즈 기본 문제

아이들의 성경 퀴즈 준비를 위해서, 마태복음 3:1- 4:12, 17-25까지 읽어 준다.

1 누가 유대의 광야에서 복음을 선포하였습니까? (3:1)
  1. 예수님의 동생인 야고보
  2. 요셉
  3. 세례 요한

2 세례 요한의 메시지는 무엇이었습니까? (3:2)
  1. "회개하라. 하나님의 나라가 가까이 임하였다."
  2. "회개하라, 그렇지 않으면 내일 당장 죽을 것이다."
  3. "예수님은 구세주이시다. 그를 믿으라."

3 선지자 이사야는 세례 요한에 대해 무엇이라고 예언하였습니까? (3:3)
  1. 요한은 광야에서 외치는 자가 될 것이다.
  2. 요한은 "주의 길을 예비하라" 고 말할 것이다.
  3. 위의 답이 모두 옳다.

4 세례 요한에게 세례를 받기 위하여 갈릴리에서 오신 분은 누구입니까? (3:13)
  1. 바리새인들
  2. 예수님
  3. 세례 요한의 모든 친척들

5 세례 요한이 예수님께 세례를 주었을 때 어떤 일들이 일어났습니까? (3:16)
  1. 하늘 문이 열렸다.
  2. 하나님의 영이 비둘기처럼 임하셨다.
  3. 위의 답 모두 옳다.

6 예수님께서 사탄의 시험을 당하시기 전에 얼마 동안 금식 하셨습니까? (4:2)
  1. 30일 밤낮
  2. 40일 밤낮
  3. 40일 낮과 30일 밤

7 사탄이 성전 아래로 뛰어 내리라고 유혹하였을 때, 예수님께서는 무엇이라고 말씀하셨습니까? (4:7)
  1. "하나님을 시험하지 말아라"
  2. "두렵다"
  3. "나는 시험당할 수 없다."

8 사탄이 예수님께 자기에게 엎드려 경배하면 무엇을 해 주겠다고 약속했습니까? (4:8-9)
  1. 헤롯왕의 왕국
  2. 예루살렘의 왕국
  3. 온 천하의 왕국

9 예수님께서 베드로와 안드레를 부르셨을 때 무엇이라 말씀하셨습니까? (4:19)
  1. "사람을 낚는 어부가 되게 하리라"
  2. "너희들을 내 제자로 삼을 것이다."
  3. "내가 너희들을 강하게 만들어 주겠다."

10 예수님께서 가르치고, 말씀을 전하고, 병든 자들을 고치신 곳은 어디입니까? (4:23)
  1. 온 여리고 지역
  2. 온 이집트 지역
  3. 온 갈릴리 지역

성경 퀴즈 고급 문제

아이들의 성경 퀴즈 준비를 위하여, 마태복음 3:1–4:12,17-25을 읽어 준다

1 세례 요한이 말씀을 전파한 곳은 어디입니까? (3:1)
   1. 예루살렘강 둑 위
   2. 예루살렘 성전 안
   3. **유대의 광야**
   4. 이집트

2 세례 요한은 무엇을 먹으며 지냈습니까? (3:4)
   1. 메뚜기와 야생 돼지
   2. 들꿀과 벌집
   3. **메뚜기와 들꿀**
   4. 메뚜기와 야생화

3 요한에게 세례를 받기 전에 예수님은 요한에게 무엇이라 말씀하셨습니까? (3:15)
   1. "하나님께서 명령하셨기 때문에, 이렇게 함이 합당하느니라."
   2. "네가 하지 않으면 아무도 할 자가 없느니라."
   3. "이렇게 하는 것이 내가 세례를 받는 옳은 길이니라."
   4. **"우리가 이와 같이 하여 모든 의를 이루는 것이 합당하니라."**

4 요한이 예수님께 세례를 베푼 후에, 하늘에서 어떤 소리가 들렸습니까? (3:17)
   1. **"이는 내 사랑하는 아들이요, 내 기뻐하는 자라."**
   2. "이는 내 아들이요, 구세주라."
   3. "이는 내 아들이니, 합당하게 대하라."
   4. "이는 예수 그리스도요, 살아 계신 하나님의 아들이라."

5 예수님을 광야로 데리고 간 자는 누구입니까? (4:1)
   1. 예수님 스스로
   2. 사탄
   3. **성령**
   4. 세례 요한

6 사탄이 물러간 후에 예수님께 무슨 일이 일어났습니까? (4:11)
   1. 천사들이 나타나서 예수님이 시험에 들게 하였다.
   2. **천사들이 나타나 수종들었다.**
   3. 사탄이 다시 와서 또 다시 예수님을 시험하였다.
   4. 하나님께서 예수님을 위로하셨다.

7 예수님께서 갈릴리 해변을 걸으실 때 누구를 보셨습니까? (4:18)
   1. 빌립과 나다니엘
   2. 유다와 야고보
   3. **베드로와 안드레**
   4. 바돌로매와 유다

8 예수께서 야고보와 요한을 부르셨을 때, 그들은 어떻게 하였습니까? (4:21-22)
   1. **곧 그물과 아버지를 뒤로 하고, 예수님을 따랐다.**
   2. 베드로와 안드레에게 말한 다음, 예수님을 따랐다.
   3. 아버지 세베대의 허락을 받고 예수님을 따랐다.
   4. 예수님을 따라가는 것을 거절했다.

9 예수님께 대한 소문이 온 수리아 땅에 퍼졌을 때, 그들은 어떤 자들을 예수님께 데리고 왔습니까? (4:24)
   1. 여러 가지 질병으로 아픈 자들
   2. 심한 고통을 당하는 자들
   3. 귀신이 들리고 중풍병에 걸린 자들
   4. **위의 답 모두**

10 다음 요절을 완성하세요. "예수께서 대답하여 이르시되 기록되었으되 사람이 떡으로만 살 것이 아니요…." (4:4)
   1. "높으신 하나님의 모든 명령으로 살 것이라."
   2. "내가 그에게 말한 모든 말대로 살 것이라."
   3. **"하나님의 입으로부터 나오는 모든 말씀으로 살 것이라."**
   4. "모든 율법과 예언자의 말씀으로 살 것이라."

제 3 공과

마태복음 5:1-37 5:1-37

암송 요절

"심령이 가난한 자는 복이 있나니 천국이 그들의 것임이요 애통하는 자는 복이 있나니 저희가 위로를 받을 것임이요 온유한 자는 복이 있나니 그들이 땅을 기업으로 받을 것임이요 의에 주리고 목마른 자는 복이 있나니 그들이 배부를 것임이요" (마태복음 5:3-6)

성경의 진리

예수님은 천국 백성인 우리가 하나님의 명령을 어떻게 따르며 살아야 하는지 가르쳐 주신다.

요점

이번 공과에서는, 살인, 간음, 이혼, 맹세에 관한 하나님의 율법을 예수님께서 새롭게 이해하고 순종하는 방법을 우리에게 가르쳐 주셨음을 배우게 된다.

교사를 위한 도움의 말

여러분의 학생들 중 이혼에 관한 질문이 있는 학생들도 있을 수 있다. 예수님께서는 이혼을 포함한 모든 율법을 법률로만 해석하는 자세를 바꾸기 위해서 오셨다는 것을 학생들이 이해할 수 있도록 도와준다. 예수님은 사람들이 사랑을 키우고 좋은 관계들을 만들어가도록 하는 것이 하나님의 법의 목적이라는 것을 몸소 보여 주셨다.

성경 해설

산상 설교에서, 예수님께서는 그가 율법과 선지자를 완전하게 하기 위하여 오셨다고 말씀하셨다. 율법과 선지자들이 반 정도 찬 그릇이었다면, 예수님께서는 그들이 시작한 가르침을 완성하신 것이다. 예수님의 가르침 중 일부는 구약의 말씀과는 다른 것처럼 보일 수도 있다. 그러나, 예수님의 가르침은 구약의 말씀과 항상 일치하였다. 예수님은 그의 말씀에 귀를 기울이던 자들을 놀라게 하셨다. 그들은 사람들을 위한 하나님의 의도가 어떤 것인지에 대한 새로운 생각을 받아들였고, 바리새인들과 사두개인들의 잘못된 가르침도 깨우치게 되었다.

율법의 목적은 이스라엘 사람들에게 하나님의 성품과 가치를 가르치기 위한 것이었다. 율법은 그들이 어떻게 하면 성결한 삶을 살 수 있는지 가르쳐 주었다. 율법은 그들이 하나님과의 관계가 얼마나 중요한지 깨닫고 용서를 받아야 한다는 것을 가르쳐 주었다. 하지만, 많은 사람들은 율법을 잘못 이해했다. 그들은 자신들의 성품이 변화되지 않아도 일정한 행동 양식만 따르면 충분하다고 믿었다. 예수님께서는 사람들에게 율법의 진정한 의미를 가르쳐 주셨다. 예수님은 율법을 우리의 행동뿐 아니라, 우리의 마음, 성품, 소망, 태도, 사고 방식에도 적용하셨다.

하나님의 성품

» 예수님은 천국 백성으로서 어떻게 살아야 하는지 가르쳐 주신다.
» 예수님께서는 우리가 하나님을 사랑하기에 하나님의 율법을 따라야 한다는 사실을 가르쳐 주신다.

28

신앙적 어휘

천국은 하나님이 다스리시는 모든 곳에 존재한다. 우리가 가장 쉽게 볼 수 있는 천국은 사람들이 모여서 하나님을 경배하고 그들의 삶의 주인으로 모실 때이다.

활동

"빛을 내어라."

본 활동을 위하여 다음의 준비물이 필요하다:
- » 손전등 몇 개
- » 큰 대야

방안의 불을 끈다. 학생들에게 이렇게 말한다: **어두운 곳에서 무엇이 보입니까?** 손전등을 켜서 대야 밑에 놓는다. 대야를 바닥이나 책상 위에 놓아서 그 밑으로 빛이 희미하게 보일 수 있도록 한다. 그리고 이렇게 말한다: **무엇이 보입니까?** 대야를 치우고, 아이들은 빛이 있어서 방에서 볼 수 있는 것들에 대해 말해본다.

이렇게 말한다: **우리가 예수님께 순종하면, 사람들은 우리의 행동을 통해 예수님께서 어떤 분이신지 볼 수 있게 됩니다. 그것은 빛과도 비슷합니다. 방이 어두웠을 때, 또는 손전등이 대야 밑에 있었을 때에는, 방 안을 보기가 힘들었습니다. 선생님이 손전등 위에 있던 대야를 치우니까, 우리는 방 안에 있는 여러 가지 물건들을 볼 수 있었습니다. 우리는 우리의 빛을 숨기거나 다른 사람들에게 예수님의 사랑에 대해 나누기를 부끄러워하면 안됩니다. 예수님은 우리가 그를 위한 "빛"이 되어서 다른 사람들이 예수님이 어떤 분이신지를 볼 수 있기를 원하십니다.**

선택 활동: 각 학생들에게 손전등을 나누어 주고, 선생님이 "빛" 하고 말할 때마다 손전등을 켜게 한다. 이 추가 활동을 할 때에는, 각자 집에서 손전등을 가져오게 해야 한다.

성경의 가르침

수업을 하기 전에, 마태복음 5장 2-37절에서 응용한 다음의 이야기를 준비한다.

예수님은 주변을 둘러 보시고 군중들을 바라 보셨습니다. 그리고 산 위로 올라가서 앉으셨습니다. 제자들은 예수님을 따랐습니다. 예수님은 사람들에게 하나님께서 우리가 어떻게 살기 원하시는지 가르쳐 주셨습니다.

"심령이 가난한 자는 복이 있나니, 천국이 그들의 것임이요.

애통하는 자는 복이 있나니, 그들이 위로를 받을 것임이요.

온유한 자는 복이 있나니, 그들이 땅을 기업으로 받을 것임이요.

의에 주리고 목마른 자는 복이 있나니, 그들이 배부를 것임이요.

긍휼히 여기는 자는 복이 있나니, 그들이 긍휼이 여김을 받을 것임이요.

마음이 청결한 자는 복이 있나니, 그들이 하나님을 볼 것임이요.

화평하게 하는 자는 복이 있나니, 그들이 하나님의 아들이라 일컬음을 받을 것임이요.

의를 위하여 박해를 받는 자는 복이 있나니, 천국이 그들의 것임이라.

나로 말미암아 너희를 욕하고 박해하고 거짓으로 너희를 거슬러 모든 악한 말을 할 때에는 너희에게 복이 있나니,

기뻐하고 즐거워하라, 하늘에서 너희의 상이 큼이라."

예수님께서는 믿는 이들에게 사람들이 그들을 통해 하나님의 사랑을 볼 수 있도록 살아야 한다고 가르치셨습니다.

그리고 예수님께서는 또 말씀하셨습니다. "너희는 세상의 소금이니 소금이 만일 그 맛을 잃으면

무엇으로 짜게 하겠느냐? 후에는 아무 쓸데 없어 버려지게 된다. 너희는 세상의 빛이라. 산 위에 있는 동네가 숨겨지지 못할 것이다. 사람이 등불을 켜서 말 아래에 두지 않고 등경 위에 두니, 집 안 모든 사람에게 비치게 된다. 이와 같이 너희 빛이 사람 앞에 비치게 하여 그들로 너희 착한 행실을 보고 하늘에 계신 너희 아버지께 영광을 돌리게 하여라."

어떤 사람들은 예수님이 구약의 율법과 가르침을 무시하는 것으로 여겼습니다. 예수님은 이렇게 말씀하셨습니다. "내가 율법이나 선지자를 폐하러 온 줄로 생각하지 말라. 폐하러 온 것이 아니요 완전하게 하려 함이라. 누구든지 이를 행하며 가르치는 자는 천국에서 크다 일컬음을 받으리라."

예수님께서는 하나님의 율법의 의미를 명백히 말씀하셨습니다. "옛 사람에게 말한 바 살인하지 말라. 누구든지 살인하면 심판을 받게 되리라 하였다는 것을 너희가 들었으니, 나는 너희에게 이르노니 형제에게 노하는 자는 심판을 받게 되리라."

예수님께서는 또 말씀하셨습니다. "또 간음하지 말라 하였다는 것을 너희가 들었으나, 나는 너희에게 이르노니 음욕을 품고 여자를 보는 자마다 마음에 이미 간음하였느니라."

예수님께서 이렇게 말씀하였습니다. "또 옛 사람에게 말한 바 헛 맹세를 하지 말고 네 맹세한 것을 주께 지키라 하였다는 것을 너희가 들었으나, 나는 너희에게 이르노니 도무지 맹세하지 말지니 하늘로도 하지 말라, 땅으로도 하지 말라, 네 머리로도 하지 말라. 오직 너희 말은 옳다 옳다, 아니라 아니라 하라."

아이들이 다음 질문에 답할 수 있도록 도와 준다. 맞고 틀린 답은 없다. 이 질문들은 아이들이 이야기를 이해하고 그들의 삶에 적용할 수 있는 데 도움이 될 것이다.

1. 예수님은 그의 제자들과 다른 많은 사람들에게 말씀을 전하셨습니다. 여러분은 예수님께서 가르쳐주신 새로운 가르침에 대해 사람들이 어떻게 느꼈을 것이라고 생각합니까?
2. 예수님의 가르침은 구약의 가르침과 어떻게 다릅니까?

이렇게 말한다: 하나님께서는 우리에게 명령을 주셨고, 우리가 그 명령을 따르기를 원하십니다. 산상 설교에서, 예수님께서는 우리가 하나님을 사랑하기 때문에 그의 법을 지켜야 한다고 가르치셨습니다. 예수님께서는 우리의 행동뿐 아니라 마음과 자세로 순종해야 한다고 가르치셨습니다. 하나님께서는 사람들의 마음 속을 들여다 보십니다. 우리는 긍정적이고 적극적인 자세로 하나님께 순종하여야 합니다. 바로 이것이 천국 백성이 된다는 것을 의미합니다.

암송 요절

암송 요절을 연습한다. 137-138쪽에서 몇 가지 아이디어를 얻을 수 있다.

추가 활동

어린이들의 효과적인 성경 공부를 위하여 다음 중 몇 가지 추가 활동을 선택할 수 있다.

1. 종이에 '복이 있나니' 라고 쓴다. 다음 질문들을 생각해 본다: 복을 받은 사람은 어떤 사람들 입니까? 그들은 왜 복을 받았습니까? 복을 받는다는 것은 무엇을 의미합니까? 이 질문들을 가족과 친구들에게 물어본다. 그 답들을 아까 썼던 종이 위에 여기 저기 써넣는다.
2. 예수님의 산상 설교와 비교되는 구약의 법에

대해 조사해 본다. 이스라엘 사람들이 구약에서
이 율법들을 지켰던 방법에는 어떤 것들이
있는가? 전지 가운데에 세로선을 그린다. 한쪽
칸에는 구약에 대해 연구한 내용들을 적는다.
다른 한 쪽에는 각 율법에 대해 예수님께서
새롭게 가르쳐 주신 내용들을 적는다.

성경 퀴즈 기본 문제

아이들의 성경 퀴즈 준비를 위해 마태복음 5:1-37을 읽어 준다.

1 예수님께서 무리를 보셨을 때, 어떻게 하셨습니까? (5:1)
   1. **산 위로 올라가서 앉으셨다.**
   2. 다음 도시로 이동하셨다.
   3. 위의 답 모두 옳다.

2 예수님께서는 산 위에서 무엇을 하기 시작하셨습니까? (5:2)
   1. 노래하셨다.
   2. **가르치셨다.**
   3. 기도하셨다.

3 왜 심령이 가난한 자들은 복이 있습니까? (5:3)
   1. **"천국이 그들의 것이기 때문에"**
   2. "그들이 자비를 누릴 것이기 때문에"
   3. "그들이 땅을 기업으로 물려받을 것이기 때문에"

4 예수님은 어떤 자들이 땅을 기업으로 물려 받을 것이라고 하셨습니까? (5:5)
   1. 심령이 가난한 자
   2. **온유한 자**
   3. 긍휼히 여기는 자

5 화평하게 하는 자는 누구라고 일컬음을 받을 것이라 하셨습니까? (5:9)
   1. 화평한 자들
   2. 하늘의 아들
   3. **하나님의 아들**

6 예수님의 말씀에 의하면, 왜 박해받는 자들이 기뻐하고 즐거워해야 한다고 했습니까? (5:11-12)
   1. 하늘에서 상이 크기 때문에
   2. 전에 있던 선지자들이 이같이 박해받았기 때문에
   3. **위의 답 모두 옳다.**

7 우리의 빛이 사람 앞에 비추게 되면 어떤 일이 일어난다고 말씀하셨습니까? (5:16)
   1. 방이 환해진다.
   2. **사람들이 하늘에 계신 아버지께 영광을 돌린다.**
   3. 도시가 어두워진다.

8 예수님께서 무엇을 완전하게 하려고 오셨다고 말씀하셨습니까? (5:17)
   1. 십계명
   2. **율법과 선지자들**
   3. 여덟가지의 참 행복 (팔복)

9 예수님께서 맹세에 대해 무엇이라 말씀하셨습니까? (5:34)
   1. "맹세한 것은 지키지 말라."
   2. **"절대로 맹세하지 말아라."**
   3. "맹세하는 것들에 대해 조심하여라"

10 예수님께서는 맹세하는 대신 무엇을 하라고 말씀하셨습니까? (5:37)
   1. **"'예' 할 것은 '예' 하고 '아니오' 할 것은 '아니오' 하여라."**
   2. "누구에게도 약속을 하지 말아라."
   3. "약속을 지킬 거라는 것을 보여주기 위해 악수를 한다."

성경 퀴즈 고급 문제

아이들의 성경 퀴즈 준비를 위해, 마태복음 5:1-37을 읽어 준다.

1 예수님께서는 어떤 자들이 위로를 받을 것이라고 하셨습니까? (5:4)

 1. 병든 사람들
 2. 애통하는 자들
 3. 고통받는 자들
 4. 박해받는 자들

2 의에 주리고 목마른 자들에게는 어떤 일이 일어납니까? (5:6)

 1. 배부를 것이다.
 2. 다른 사람들에게 줄 것이다.
 3. 많은 것을 빼앗길 것이다.
 4. 그들의 마음은 쉼을 찾을 것이다.

3 마음이 청결한 자에게는 어떤 일이 일어납니까? (5:8)

 1. 사람들이 잘 대해 줄 것이다.
 2. 많은 것들을 얻게 될 것이다.
 3. 하나님을 보게 될 것이다.
 4. 기쁨으로 가득찰 것이다.

4 예수님은 박해받는 자들에게 어떻게 하라고 말씀하셨습니까? (5:11-12)

 1. "기뻐하고 즐거워하라"
 2. "다른 이들에게 도움을 청하라"
 3. "일어난 일에 대해 슬퍼하라"
 4. "너를 다치게 한 사람과 싸워라"

5 예수님은 하나님의 백성들을 무엇에 비유하였습니까? (5:13)

 1. 향신료
 2. 소금
 3. 후추
 4. 마늘 가루

6 예수님은 왜 "너희 빛이 사람 앞에 비치게 하라"고 말씀하셨습니까? (5:16)

 1. 집 안에 있는 사람들이 빛을 보게 하기 위해
 2. 우리의 착한 행실로 하늘에 계신 아버지께 영광을 돌리기 위해
 3. 언덕 위에 있는 도시가 밝게 빛나게 하기 위해
 4. 위의 답 모두

7 율법과 선지자를 완전하게 하려고 오신 분은 누구입니까? (5:17)

 1. 모세
 2. 여호수아
 3. 바리새인들
 4. 예수님

8 형제를 "라가"라 하는 자는 어디에 불려 가게 된다고 하였습니까? (5:22)

 1. 로마 법정
 2. 공회
 3. 회당
 4. 위의 답 모두

9 예물을 제단에 드리려다가 형제에게 원망 들을 일을 한 것이 기억나면, 어떻게 해야 합니까? (5:23-25)

 1. 예물을 제단 앞에 둔다.
 2. 가서 그 형제와 화목하게 한다.
 3. 다시 제단 앞에 와서 예물을 드린다.
 4. 위의 답 모두

10 다음 요절을 완성하세요: "심령이 가난한 자는 복이 있나니 천국이 그들의 것임이요, 애통하는 자는 복이 있나니 그들이 위로를 받을 것임이요, 온유한 자는 복이 있나니 그들이 땅을 기업으로 받을 것임이요, 의에 주리고…" (5:3-6)

 1. "선한 자들은 복이 있나니 그들이 하나님의 백성이라 부름을 받을 것임이요,"
 2. "하나님의 사랑이 목마른 자는 복이 있나니 하나님의 축복이 그들 위에 임할 것임이요,"
 3. "목마른 자는 복이 있나니 그들이 배부를 것임이요,"
 4. "배를 채운 자는 복이 있나니 그들이 다시는 배고프지 않을 것이요,"

제 4 공과

마태복음 5:38-6:34

암송 요절

"긍휼히 여기는 자는 복이 있나니 그들이 긍휼히 여김을 받을 것임이요 마음이 청결한 자는 복이 있나니 그들이 하나님을 볼 것임이요 화평하게 하는 자는 복이 있나니 그들이 하나님의 아들이라 일컬음을 받을 것임이요 의를 위하여 박해를 받은 자는 복이 있나니 천국이 그들의 것임이라." (마태복음 5:7-10)

성경의 진리

예수님께서는 우리에게 정의롭게 사는 방법을 가르쳐 주셨다.

요점

이번 공과에서는 어린이들이 예수님께서 우리에게 정의롭게 사는 법을 가르쳐 주셨음을 배우게 된다. 우리는 복수를 피하고, 우리의 원수를 사랑하며, 도움이 필요한 사람들을 도우며 살아야 한다.

교사를 위한 도움의 말

성경 공부를 진행함에 있어, 예수님께서 사람들에게 하나님의 백성으로 살아가는 실질적인 방법들을 알려주셨음에 초점을 둔다.

성경 해설

구약에서는, 이스라엘 백성들이 "눈에는 눈" 이라는 말로 정의를 배웠다. 죄에 대한 벌은 죄의 무게와 같아야 한다. 벌은 이스라엘 백성들에게 하나님의 정의로운 성품을 이해할 수 있도록 도와주었다. 그것은 옳고 그름에 대한 하나님의 기준을 알려주었다. 사악한 자들은 정의롭고 약한 자들을 괴롭힐 수 없었다. 또한, 벌은 범죄자들이 극한 형벌을 피할 수 있도록 도와주었다.

예수님께서 이 땅에 머무셨던 당시에, "눈에는 눈" 이라는 말은 개인적인 복수에 대한 정당성으로 쓰였다. 예수님은 이 생각을 고치셨다. 오른 뺨을 맞는다는 일은 극히 수치스러운 일이다. 다른 뺨을 내어주는 것은 그 수치를 받아들인다는 의미이다. 수치를 당하는 일은 법정에서 판결을 받아야하는 법적인 문제는 아니었다. 그것은 법과는 꽤 거리가 먼 일이었다.

예수님은 정당성과 관련하여 다른 예를 들으셨다. 예를 들면, 만약 어떤 사람이 여러분의 잘못으로 여러분을 고소한다면, 여러분이 빚진 것보다 더 많이 갚으라고 말씀하신 일이다. 어떤 사람이 여러분이 원하지 않는 일을 해달라고 부탁하면, 그 일을 위해 더 많은 수고를 쏟으라는 것이다. 사람들을 도울 때는 되돌려 받을 것을 생각하지 말아야 한다. 진정으로 정의로운 사람은 관대하며 개인의 갈등이나 불편함을 뛰어넘는 사랑을 쏟는다.

하나님의 성품

» 하나님은 정의로우시다.
» 하나님은 우리가 하나님을 믿고 그의 나라를 구하기를 원하신다.

신앙적 어휘

정의로움은 하나님과의 바른 관계를 의미한다. 정의로운 것은 하나님과의 관계로 인해 하나님께 순종한다는 것을 의미한다. 정의로운 사람은 생각과, 말, 행동에서 옳고 선하다.

인물

이교도들은 하나님 대신 우상을 섬겼던 사람들이다.

장소

회당은 유대인들이 모여서 성경을 읽고 하나님께 예배를 드리던 장소이다.

기타 어휘

겉옷(cloak)은 긴 천으로 된 망토이다. 예수님 당시에 낮에는 헐거운 겉옷으로 쓰였으며 밤에는 이불로 사용했다.
속옷(tunic)은 그 당시 사람들이 주로 입었던 옷이다.
기도는 하나님과의 대화이며, 하나님께 말씀을 드리고 듣는 일 모두 포함된다.
금식은 주로 음식을 포기하는 일로, 하나님께 초점을 맞추고 기도하기 위해 기간을 정한다.

활동

본 활동을 위하여 다음의 준비물이 필요하다:
» 2장의 큰 검정 도화지
» 여러 색의 싸인펜이나 크레파스

수업을 시작하기 전, 교실 벽에 큰 전지들을 붙여 놓는다. 한 전지 위에, 참새 (또는 다른 종류의 새)를 그려 넣는다. 다른 종이에는 백합 (또는 다른 종류의 꽃)을 그려 넣는다.
이렇게 말한다: **오늘, 우리는 여기 있는 새와 꽃의 색깔을 정할 것입니다. 선생님이 여러분에게 어떤 색을** 할 지 물어보면, 손을 드세요. 선택된 사람은 어떤 부분을 색칠하고 싶은지 말하면 됩니다.

그림을 완성하기 전에 가능하면 모든 아이들에게 색을 선택할 수 있는 기회를 주도록 한다. 그림이 완성되면 모두가 볼 수 있도록 교실에 남겨둔다.
이렇게 말한다: **우리는 오늘 참새 한 마리와 백합 꽃 한 송이를 색칠했습니다. 그러나, 하나님께서는 우리가 칠한 것보다 훨씬 아름답게 참새와 백합을 만드셨습니다. 오늘은 하나님께서 이 아름다운 참새와 꽃들보다 우리들을 더 아끼고 사랑하신다는 것을 배울 것입니다.**

성경의 가르침

학생들을 가르치기 전에, 마태복음 5:38-6:34를 바탕으로 한 다음의 이야기를 준비한다.
예수님은 그의 주변에 모인 사람들에게 계속해서 말씀을 전하셨습니다. 예수님은 사람들에게 자신들을 잘 대해주지 않는 사람들에게 어떻게 해야 하는지 가르쳐 주셨습니다. 예수님은 이렇게 말씀하셨습니다.
"너희는 눈은 눈으로, 이는 이로 갚으라' 하였다는 것을 들었으나, 나는 너희에게 새로운 가르침을 준다. 만약 누가 너희 오른뺨을 때리거든, 왼뺨도 내어주어 때리게 하라. 만약 누가 너희에게 겉옷을 달라고 하거든 속옷도 내어주어라. 만약 누가 너희에게 억지로 5리를 가자고 하면 10리를 걸어주어라. 너희에게 무엇을 달라고 하는 사람이 있으면 내어 주어라. 달라고 하는 사람을 거절하지 말아라."

"또 네 이웃을 사랑하고 네 원수를 미워하라 하였다는 것을 너희가 들었으나, 나는 너희에게 이르노니 너희 원수를 사랑하며 너희를 박해하는 자를 위하여 기도하라. 너희가 너희를 사랑하는 자만 사랑하면 아무 상도 받지 못할 것이다. 악한 자들도 이같이 한다. 그러므로 하늘에 계신 아버지가 온전하신 것처럼 너희도 온전하여라."

예수님은 사람들에게 겸손한 태도에 대해서도 말씀해 주셨습니다. "착한 일을 할 때에 남의 시선을 의식하지 말아라. 불쌍한 사람들을 도울 때에 남에게 알리지 말아라. 남을 도울 때에는 비밀로 하여라. 하나님은 비밀리에 한 선행도 보시고 상을 주실 것이다."

"어떤 사람들은 사람들이 많은 곳에서 기도하며 시선을 모으기를 좋아한다. 기도할 때에는 방에 들어가 문을 닫아라. 그 곳에서 기도할 수 있다. 하나님께서는 너희가 조용히 한 것을 보고 상을 주실 것이다."

"기도할 때에, 너무 많은 말을 해서 사람들이 너희 기도를 듣게 하지 말아라. 그것은 이방인들이 하는 기도이다. 하나님께서는 너희가 기도하기도 전에 너희가 무엇을 원하는지 알고 계신다."

"이렇게 기도하여라: 하늘에 계신 아버지여, 이름이 거룩히 여김을 받으시오며, 나라가 임하시오며, 뜻이 하늘에게 이루어진 것 같이 땅에서도 이루어지이다. 오늘 우리에게 일용할 양식을 주시옵고, 우리가 죄지은 자를 사하여 준 것 같이 우리 죄를 사하여 주시옵고, 우리를 시험에 들게 하지 마시옵고, 다만 악에서 구하시옵소서."

"너희에게 죄를 지은 자를 용서하면, 하나님께서도 너희를 용서하실 것이다. 하지만, 그들의 죄를 용서하지 않으면 하나님께서도 너희의 죄를 용서하지 않으실 것이다."

"너희가 금식할때, 배고픈 표정을 짓지 말아라. 오히려, 머리를 깨끗이 단장하고 몸을 깨끗이 씻고 다녀라. 그래서, 사람들이 너희가 금식하고 있다는 것을 알지 못하게 하여라. 하나님께서만 너희의 행위를 아시고, 상을 주실 것이다."

예수님은 사람들에게 가장 많이 가치를 두어야 하는 것이 무엇인지도 가르쳐 주셨습니다. "너희의 소중한 것을 땅에 두지 말아라. 땅에 있는 것은 썩을 것이고 도둑들이 훔쳐갈 것이다. 대신에, 너희 보물을 하늘에 두어라. 그곳에서는 절대 썩지도 않고 도둑이 훔쳐갈 수도 없다. 너희의 보물을 쌓아 놓은 곳에 너희의 마음도 있을 것이다."

"눈은 몸의 등불이니 너희의 눈이 좋으면 너희가 빛으로 가득찰 것이다. 그러나, 눈이 좋지 않으면, 너희는 어두움으로 가득찰 것이다."

"한 사람이 두 주인을 섬기지 못할 것이니 혹 이를 미워하고 저를 사랑하거나, 혹 이를 중히 여기고 저를 경히 여김이라. 이와 같이, 하나님과 재물을 같이 섬기는 것은 불가능하다."

예수님은 사람들에게 염려하지 말라고 가르치셨습니다. "너희는 삶에 대해서 걱정하지 말아라. 그리고 몸에 대해서, 무엇을 입을까 마실까, 무엇을 입을까 걱정하지 말아라. 생명이 음식보다 중요하고, 몸이 옷보다 중요하다. 공중의 새는 먹을 것을 심지도 않고 수확하지도 않는다. 곳간에 먹을 것을 저장하지도 않지만, 하나님께서는 그들에게 먹을 것을 주신다. 하물며 너희들은 새들보다 훨씬 귀하지 않으냐? 걱정한다고 해서 너희 생명이 늘어나지 않는다."

"마찬가지로, 백합들도 일하지 않지만 솔로몬보다 아름답다. 하나님께서는 금방 시들어 죽는 백합들도 사랑하신다. 하지만 하나님은 너희들을 그보다 더 사랑하신다. 그러므로, 무엇을 먹을까, 마실까, 입을까 걱정하지 말아라. 이방인들은 이런 걱정을 하지만, 하나님은 너희에게 무엇이 필요한지 이미 알고 계신다. 먼저 하나님의 나라와 의를 구하여라. 그리하면 이 모든 것들이 너희에게 더하여질 것이다. 내일 일을 염려하지 말아라, 왜냐하면 그 날의 걱정이 그 날에 족하기 때문이다."

학생들이 다음의 질문에 대답할 수 있도록 한다. 맞고 틀린 답은 없다. 이 질문들은 학생들이 이야기를 이해하고 자신들의 삶에 적용할 수 있도록 도와줄 것이다.

1. 여러분의 적을 용서하는 일은 쉬운 일입니까? 언제 용서하기 어렵습니까?

2. 기도하기 어렵다고 느낀 적이 있습니까? 우리가 기도를 더 잘하기 위한 방법에는 어떤 것들이 있습니까?

3. 여러분을 걱정하게 만드는 것은 무엇입니까? 그러한 상황들을 하나님께서 살피시게 된다면 어떤 느낌이 듭니까?

학생들에게 이렇게 말한다: **친구를 위해 좋은 일을 했다고 생각해 보세요. 다른 친구들과 가족들에게 여러분이 한 일에 대해서 말하고 싶습니까? 우리는 가끔 우리가 좋은 일을 한 것에 대해 칭찬받고 싶을 때가 있습니다. 하지만, 예수님은 우리가 좋은 일을 하는 것은 하나님께 영광을 돌리기 위한 것이지, 우리 자신의 영광을 위한 것이 아니라고 말씀하십니다. 우리의 삶 속에서 하는 모든 일들이 하나님께 영광와 찬양을 드리기 위한 것이어야 합니다.**

암송 요절

공과 암송 요절을 연습한다. 137-138쪽에서 몇 가지 아이디어를 얻을 수 있다.

추가 활동

학생들의 효과적인 성경 공부를 위해서 다음의 활동 중 선택 추가할 수 있다.

1. 예수님은 우리에게 기도하는 방법을 알려 주셨다. 모두 함께, 주기도문을 외운다. 기도 한 줄 한 줄의 의미를 생각해 본다. 어떤 점에서 주기도문이 우리가 기도를 더 잘 할 수 있도록 가르쳐 주는가?

2. 반 전체가 교회 내와 주변 동네에 어떠한 도움이 들이 필요한지 생각해 본다. 필요한 내용을 적는다. 각 내용마다 학급이 도울 수 있는 길이 있는지 생각해 본다.

성경 퀴즈 기본 문제

아이들의 성경 퀴즈 준비를 위해, 마태복음 5:38-6:34를 읽어 준다.

1 예수님은 우리가 악한 사람에게 어떻게 해야 한다고 말씀하셨습니까? (5:39)

1. 오른 뺨을 때려라.
2. **대적하지 말아라.**
3. 피하라.

2 예수님은 우리를 박해하는 자들에게 어떻게 하라고 말씀하셨습니까? (5:44)

1. **그들을 위해 기도하라.**
2. 제사장에게 알려라.
3. 댓가로 그들을 박해해라.

3 예수님은 우리가 기도할 때 어떻게 해야 한다고 말씀하셨습니까? (6:6)

1. 방으로 들어가 문을 닫아라.
2. 보이지 않는 너의 아버지께 기도하여라.
3. **위의 답 모두**

4 이방인들은 왜 기도할때 중언 부언합니까? (6:7)

1. 그들은 소리를 좋아하기 때문이다.
2. **그들은 많은 말로 기도를 해야 하나님께서 들으신다고 생각하기 때문이다.**
3. 그래야 하나님께서 더 신속히 그들의 기도를 들어주시기 때문이다.

5 주기도문에서, 예수님은 우리를 누구에게서 구해 달라고 기도하셨습니까? (6:13)

1. 바리새인들
2. 로마인들
3. **악**

6 예수님은 사람들이 금식할때 왜 머리에 기름을 발라 단장하고 얼굴을 씻으라고 말씀하셨습니까? (6:17-18)

1. 그래야 다른 사람들이 그들이 하나님을 사랑한다고 생각하기 때문이다.
2. **그래야 다른 사람들이 그들이 금식하는지 알지 못하기 때문이다.**
3. 그래야 다른 사람들이 그들 가까이에 오지 않아야 한다는 것을 알기 때문이다.

7 다음 중 예수님의 말씀은 어느 것입니까? (6:19)

1. **너희를 위하여 보물을 땅에 쌓아두지 말라.**
2. 너희를 위하여 돈을 은행에 넣어두지 말아라.
3. 너희를 위하여 금과 은을 쌓아놓지 말아라.

8 우리가 보물을 쌓아야 하는 곳은 어디입니까? (6:20)

1. 땅 위에
2. 집 안에
3. **하늘에**

9 예수님께서 우리가 두 가지 주인을 동시에 섬길 수 없다고 하신 것은 무엇 무엇입니까? (6:24)

1. 하나님과 친구들
2. **하나님과 재물**
3. 하나님과 가족

10 우리가 먼저 구해야 하는 것은 무엇입니까? (6:33)

1. **하나님의 나라와 의**
2. 재물
3. 음식과 옷

성경 퀴즈 고급 문제

아이들의 성경 퀴즈 준비를 위해, 마태복음 5:38-6:34를 읽어 준다.

1 예수님께서 우리에게 꿔 달라고 하는 사람들에게 어떻게 하라고 말씀하셨습니까? (5:42)

1. 갖고 있는 것을 모두 주어라.
2. **거절하지 말아라.**
3. 아무 것도 주지 말아라.
4. 그들의 가족을 위해 충분한 음식을 주어라. 그리고 나서 돌려 보내라.

2 우리는 왜 우리의 적을 사랑해야 하고 우리를 박해하는 자를 위해 기도해야 하는가? (5:44-45)

1. 그래야 하늘에 계신 아버지가 우리를 사랑하시기 때문이다.
2. **그래야 우리는 하늘에 계신 아버지의 아들이 되기 때문이다.**
3. 그래야 우리의 적과 박해하는 자들이 더 좋은 사람들이 되기 때문이다.
4. 위의 답 모두

3 불쌍한 사람들을 도와 줄 때 어떻게 해야 합니까? (6:3)

1. 무엇을 해주었는지 사람들에게 말한다.
2. 우리가 입었던 오래된 옷들을 필요한 사람들에게 나누어 준다.
3. **오른 손이 한 일을 왼 손이 모르게 한다.**
4. 사람들에게 알려서 그들이 우리를 존경하게 한다.

4 위선자들은 왜 회당과 큰 거리 어귀에서 기도하기를 좋아합니까? (6:5)

1. **사람들에게 보이려고**
2. 기도할때 집에 들어가면 안되기 때문이다.
3. 그 곳에서 예수님께서 기도하라고 가르쳐 주셨기 때문이다.
4. 위의 답 모두

5 예수님은 사람들이 금식할 때 어떻게 하라고 말씀하셨습니까? (6:17)

1. 슬프게 보이고 얼굴에 재를 바른다.

2. 집에만 있는다.
3. **머리에 기름을 바르고 얼굴을 씻는다.**
4. 하나님을 찬양한다.

6 예수님은 우리의 마음이 어디에 있을 것이라고 말씀하셨습니까? (6:21)

1. 가족과 친구들이 있는 곳
2. **우리의 보물을 쌓아 놓은 곳**
3. 천국에
4. 이 땅 위에

7 음식보다 귀한 것은 무엇입니까?(6:25)

1. **우리의 생명**
2. 우리의 옷
3. 우리의 재산
4. 우리가 살 곳

8 하늘에 계신 아버지는 새들을 위해 무엇을 하십니까? (6:26)

1. 새집을 지어 주신다.
2. **먹여 주신다.**
3. 날 수 있게 도와주신다.
4. 옷을 입혀주신다.

9 우리는 염려하는 대신 무엇을 해야 합니까? (6:25, 33)

1. 작은 것에서부터 평화와 기쁨을 구해야 한다.
2. 불쌍한 사람들을 돕는다.
3. **먼저 하나님의 나라와 의를 구한다.**
4. 먼저 하늘에 보물을 쌓아 놓는다.

10 다음 요절을 완성하세요: "의를 위하여 박해를 받은 자는 복이 있나니…" (5:10)

1. **"천국이 그들의 것임이라."**
2. "그들이 위로를 받을 것이요."
3. "하나님께서는 그들을 구원해 주실 것이요."
4. "하나님께서는 그들을 박해한 자들을 벌 주실 것이요."

제 5 공과

마태복음 7:1-29

암송 요절

"나로 말미암아 너희를 욕하고 박해하고 거짓으로 너희를 거슬러 모든 악한 말을 할 때에는 너희에게 복이 있나니 기뻐하고 즐거워하라 하늘에서 너희의 상이 큼이라 너희 전에 있던 선지자들도 이같이 박해하였느니라"

(마태복음 5:11-12)

성경의 진리

예수님은 하나님의 아들이시기 때문에 우리가 어떻게 살아야 하는지 가르쳐 주실 권위를 갖고 계신다.

요점

이번 공과에서는, 하나님을 기쁘게 하기 위해 우리가 어떻게 살아야 하는지 예수님께서 가르쳐 주셨음을 배우게 된다.

교사를 위한 도움의 말

이번 성경 공부를 진행하면서, 여러 가지 은유법을 발견하게 될 것이다. 은유는 한 가지를 설명하기 위하여 다른 단어를 이용하는 것이다. 예를 들면, 사람은 성난 소와 같다. 은유는 아이들이 이해하기에 어려운 개념이기 때문에, 시간을 충분히 두고 산상 설교에서 사용된 여러 가지 은유법들을 이해한 후, 학생들에게 설명하도록 한다.

성경 해설

예수님은 제자들에게 다른 신자들과 어떻게 지내야 하는지 말씀해 주시고 이에 대한 조언도 해 주셨다. 예수님은 제자들이 다른 사람들을 판단하는 태도를 갖지 않기를 원하셨다. 이번 본문을 통해, 예수님은 남을 판단하는 일은 스스로 공정하게 여기고, 위선적이고, 비판적인 태도를 갖는 데에 문제가 있다고 설명하셨다. 우리가 남을 심판하는대로 우리도 심판 받을 거라고 말씀하셨다. 우리가 남에게 너그러우면, 그들도 우리에게 너그러울 것이다. 우리가 남들에게 무자비하게 대하면, 하나님께서도 우리를 그렇게 대하실 것이다. 우리는 다른 사람의 성품을 인식함에 있어서, 진심으로, 겸손하고, 사랑하는 마음으로 임해야 한다.

예수님은 우리 눈 안에 있는 들보를 먼저 보아야 한다고 가르치셨다. 그것은 우리의 마음, 정신과 태도를 살핌으로써 가능한 것이다. 예수님은 우리가 우리의 잘못과 부족한 점을 먼저 시인함으로 다른 사람의 잘못을 정확하게 보게 될 수 있다고 설명해 주셨다. 우리가 우리 눈의 티를 제거할 수 있을 때, 다른 사람에게 가서 그의 눈의 티를 제거할 수 있도록 도울 수 있을 것이다. 우리가 우리의 잘못과 실수를 고백하는 수치와 아픔을 겪은 후에야 다른 사람을 겸손과 자비의 마음을 갖고 평가할 수 있게 되는 것이다. 그러면 우리는 그리스도 안에 있는 형제 자매들을 비판하는 일이 아닌, 도와주기 위한 일에 부름을 받게 될 것이다.

하나님의 성품

» 예수님은 하나님의 아들이시기 때문에 우리를 가르치실 권위를 부여 받으셨다.
» 하나님은 현명하시고 그의 지혜를 우리에게 나누어 주신다.

활동

"튼튼한 기초"

본 활동을 위해서 다음의 준비물이 필요하다:

» 여러 가지 만들기 재료, 예를 들면 작은 막대기, 빨대, 테이프, 클립 등등. 구할 수 있는 재료는 무엇이든 사용한다.
» 큰 수건만 한 천 조각 2개
» 타이머 혹은 손목 시계의 기능 활용

반을 두 팀으로 나눈다. 각 팀에 만들기 재료를 똑같이 나누어 준다. 두 조각의 천을 바닥에 펼쳐 놓는다. 팀은 각자의 천 위에 재료를 이용해 건물을 만든다. 양 팀에게 재료를 이용해 최대한 튼튼한 건물을 지으라고 말한다. 건물 짓기에 5분씩 준다.

건물을 다 만든 후, 교사와 도우미 교사가 첫번째 팀의 천의 네 구석을 잡고 "폭풍"을 만들어 본다. 천을 흔든다. 건물이 무너질 때까지 몇 분이 걸렸는지 타이머로 시간을 잰다. 다른 팀에도 똑같이 한다.

이렇게 말한다: **여러분이 만든 건물이 튼튼해 보였지만 기초가 흔들리면 건물이 무너지고 망가지게 됩니다. 오늘 여러분은 우리가 기독교인으로 살기 위해 필요한 튼튼한 기초가 어떤 것인지 배우게 될 것입니다.**

성경의 가르침

아이들에게 수업을 시작하기 전에, 마태복음 7:1-29에서 응용한 다음의 이야기를 준비한다.

예수님은 산상 설교를 계속하셨습니다. "비판하지 말아라, 그렇지 않으면 다른 사람들도 너희를 비판할 것이다. 너희가 다른 사람들을 비판하는 똑같은 방법으로, 다른 사람들도 너희를 비판할 것이다. 너희는 다른 사람들의 눈에 있는 티는 보면서, 너희 눈에 들어 있는 들보는 보지 못하느냐? 먼저, 너희 눈에 있는 들보를 빼내면, 너희 눈이 깨끗이 볼 수 있게 되어 다른 사람의 티를 빼낼 수 있게 될 것이다."

"구하라, 그리하면 너희에게 주실 것이요. 찾으라, 그리하면 찾아낼 것이요. 문을 두드리라, 그리하면 너희에게 열릴 것이다. 너희도 자식에게 좋은 선물을 줄 줄 아는데, 하물며 하늘에 계신 아버지는 그에게 구하는 자들에게 더 좋은 선물을 주시지 않겠느냐! 모든 일에 있어, 다른 사람에게 대접 받고 싶은 대로 남에게 대접하여라. 이것이 율법이고 선지자이다."

"좁은 문으로 들어가라. 많은 사람들이 크고 넓은 문으로 들어갈 것이다. 그 길은 멸망으로 가는 길이다. 그러나 생명으로 가는 문은 작고 길은 좁아서, 찾는 자가 많지 않을 것이다."

"거짓 선지자들을 보아라. 그들은 양의 모습을 한 늑대들 같아서 양들을 공격한다. 그들은 속으로는 못된 늑대들이다. 너희는 거짓 선지자들을 그들의 예언의 결과를 통해 알 수 있다. 모든 좋은 나무는 좋은 열매를 맺지만, 나쁜 나무는 나쁜 열매를 맺는다. 나를 '주님, 주님'이라 부르며 따르는 모든 이들이 하늘의 문에 들어가는 것은 아니다. 오직 하늘에 계신 아버지의 뜻을 따르는 자들만이 그 문에 들어가게 될 것이다. 하나님을 사랑하는 자는 다른 사람들이 하나님을 사랑할 수 있도록 도울 것이다."

예수님은 사람들에게 하나님에 대한 강한 믿음이 필요하다고 말씀하셨습니다. "그러므로 누구든지 나의 이 말을 듣고 행하는 자는 그 집을 반석 위에 지은 지혜로운 사람 같으리니, 비가 내리고 창수가 나고 바람이 불어 그 집에 부딪치되 무너지지 아니하나니 이는 주추를 반석 위에 놓은 까닭이요, 나의 이 말을 듣고 행하지 아니하는 자는 그 집을 모래 위에 지은 어리석은 사람 같으리니 비가 내리고 창수가 나고 바람이 불어 그 집에 부딪치매 무너져 그 무너짐이 심하니라."

예수님의 말씀이 끝났을 때, 사람들은 그의 가르침에 놀랐습니다. 예수님의 말씀에는 권위가 있어서 율법 선생들과는 달랐습니다.

어린이들이 다음의 질문에 대답할 수 있도록 해 본다. 맞고 틀린 답은 없다. 이 질문들은 아이들이 이야기를 이해하고 자신들의 삶에 적용하는 데 도움이 될 것이다.

1. 이 말씀에서 배운 중요한 내용은 무엇입니까?
2. 예수님의 가르침은 오늘날 사람들이 사는 모습과 어떻게 다릅니까?
3. 좋은 열매와 나쁜 열매의 예들은 어떤 것이 있습니까? 여러분 자신은 어떤 종류의 열매라고 생각합니까?

이렇게 말한다: **예수님은 지혜로운 분이셨기 때문에 그가 이 땅에 계시는 동안 많은 사람들은 예수님의 말씀을 들었습니다.** 그러나 어떤 사람들은 하나님에 대해 더 많이 배우고 싶어서 예수님의 말씀을 들었습니다. 예수님은 그냥 좋은 사람이었을 뿐만 아니라 지혜로운 지도자였습니다. 예수님의 가르침 중에는 우리가 이해하기 쉽지 않은 내용들이 있습니다. 또한 예수님의 가르침 중에는 우리가 삶에서 실천하기 쉽지 않은 내용들도 있습니다. 그러나 예수님은 하나님의 아들이시기에 우리는 예수님의 가르침을 믿고 그에 순종합니다.

암송 요절

이번 공과의 암송 요절을 연습한다. 137-138쪽에서 몇 가지 아이디어를 찾을 수 있다.

추가 활동

어린이들의 성경 공부를 향상시키기 위해서 다음 중 몇 가지 추가 활동을 선택할 수 있다.

1. 어린이들이 다른 사람들을 비판했을 때를 생각해 보라고 말한다. 그에 대한 구체적인 기도 시간을 갖으며, 어린이들이 하나님께 자신들이 남을 비판했던 것에 대한 용서를 구할 기회를 준다. 하나님께 어린이들이 더 향상되어야 하는 부분들을 알게 해 달라고 기도한다.

2. 학생들을 2명씩 짝을 짓는다. 모두 교실 여기 저기에 흩어져 앉게 한다. 그리고 이렇게 말한다: **여러분이 예수님의 산상 설교를 들었던 무리 중의 한 사람이라고 상상해 보세요. 여러분이 보고 들은 것에 대해 친구에게 어떻게 말하겠습니까?** 어린이들이 차례대로 예수님의 말씀을 보고 들은 것에 대해 자기 짝에게 말해 보도록 한다.

성경 퀴즈 기본 문제

아이들의 성경 퀴즈 준비를 위해 마태복음 7:1-29를 읽어준다.

1 다른 사람을 비판하는 사람에게는 어떤 일이 일어 납니까? (7:1)

1. "벌을 받을 것이다."
2. "죄로 인해 죽을 것이다."
3. **"비판을 받을 것이다."**

2 예수님은 우리가 형제의 눈 속에 있는 티를 빼주기 전에 먼저 무엇을 하라고 말씀하셨습니까? (7:5)

1. "형제의 다른 쪽 눈에 있는 들보를 빼주어 라."
2. **"너희 눈의 들보를 빼내어라."**
3. "너희 눈에 있는 들보는 신경쓰지 말아라."

3 예수님은 "두드리는" 사람에게는 어떤 일이 일어 날 거라고 말씀하셨습니까? (7:7)

1. "답을 얻을 것이다."
2. **"문이 열릴 것이다."**
3. 위의 답 모두

4 예수님은 "구하는" 사람에게 어떤 일이 일어날 것 이라고 말씀하셨습니까? (7:8)

1. **"찾을 것이다."**
2. "잃을 것이다."
3. "게임에서 이길 것이다."

5 하늘에 계신 아버지께서는 그에게 구하는 자에게 무엇을 주실 것입니까? (7:11)

1. 그들이 알고자 하는 답을 주실 것이다.
2. 그들이 원하는 건 모두 주신다.
3. **좋은 것을 주신다.**

6 예수님은 우리가 다른 사람들에게 어떻게 해 주어 야 한다고 말씀하셨습니까? (7:12)

1. 그들이 우리에게 해준 것처럼
2. **우리가 그들에게 대접받고 싶은 대로**
3. 예수님이 주변 사람들을 대하셨던 것처럼

7 좁은 문과 협착한 길은 어디로 인도합니까? (7:14)

1. 정원으로
2. **생명으로**
3. 우리를 파괴하는 길로

8 얼마나 많은 사람들이 생명으로 가는 길을 찾습니 까? (7:14)

1. **적은 수의 사람들**
2. 대부분의 사람들
3. 아무도 찾지 못한다.

9 거짓 선지자들을 어떻게 알아 볼 수 있습니까? (7:15-16)

1. 그들의 외모로
2. **그들의 열매로**
3. 그들의 옷차림새로

10 어리석은 사람의 집은 비가 내리고, 창수가 나고, 바람이 불때 어떻게 됩니까? (7:27)

1. 떠내려 간다.
2. **완전히 무너져 내린다.**
3. 튼튼하게 서 있다.

성경 퀴즈 고급 문제

아이들의 성경 퀴즈 준비를 위해 마태복음 7:1-29을 읽어 준다.

1 예수님은 사람들이 비판 당하는 것에 대해 어떻게 말씀하셨습니까? (7:1-2)
1. **그들이 남을 비판한 그대로 비판을 당한다.**
2. 하나님께서 우리가 그들을 비판하기 원하는 방법대로 비판하신다.
3. 다른 사람들이 그들을 비판한 대로 비판 당한다.
4. 판사가 비판하는 대로 비판 당한다.

2 예수님께서는 사람들이 남을 비판할 때 어떻게 한다고 말씀하셨습니까? (7:3-4)
1. 남의 눈의 티를 본다.
2. 자신들 눈 속의 들보는 보지 못한다.
3. 남에게 "내가 네 눈의 티를 꺼내 주겠다" 고 말한다.
4. **위의 답 모두**

3 예수님께서는 하나님의 백성들은 다른 사람들을 어떻게 대해야 한다고 말씀하셨습니까? (7:12)
1. **"남에게 대접받고자 하는 대로 너희도 남을 대접하여라."**
2. "남들이 너희에게 한 대로 대접하여라."
3. "그들이 남들에게 한 대로 대접하여라."
4. "좋은 사람들에게만 선행을 베풀어라."

4 예수님은 사람들에게 어떤 문으로 들어가라고 말씀하셨습니까? (7:13-14)
1. 넓은 문
2. 넓은 길의 큰 문
3. **좁은 문**
4. 협착한 길의 큰 문

5 사람들은 어떻게 거짓 선지자를 알아볼 수 있습니까? (7:15-16)
1. 그들의 양의 옷을 보고
2. **그들의 열매를 보고**
3. 그들의 겉모습으로 - 그들은 늑대처럼 보인다.
4. 그들의 으르렁 거리는 소리로

6 예수님은 나쁜 나무에게 일어날 수 없는 일이 무엇이라고 말씀하셨습니까? (7:18)
1. 겨울에 어떤 열매도 맺을 수 없다.
2. 오래 살 수 없다.
3. 열매를 맺을 수 없다.
4. **좋은 열매를 맺을 수 없다.**

7 예수님은 어떤 사람이 천국에 들어갈 수 있다고 말씀하셨습니까? (7:21)
1. 하나님의 이름으로 예언을 하는 자마다
2. 하나님을 '주' 라고 부르는 자마다
3. **하늘에 계신 아버지의 뜻대로 행하는 자들**
4. 귀신을 쫓아내고 기적을 행하는 자들

8 예수님은 하나님의 말씀을 듣고 행하는 자들을 누구에 비유하셨습니까? (7:24)
1. 진실만을 말하는 예언자
2. **반석 위에 집을 지은 지혜로운 자**
3. 모래 위에 집을 지은 지혜로운 자
4. 날씨를 예언할 수 있는 지혜로운 자

9 사람들은 왜 예수님의 가르침에 놀랐습니까? (7:28-29)
1. 재미있는 이야기들을 해 주셨기 때문에
2. 율법 선생들의 말을 인용하셨기 때문에
3. **율법 선생과는 달리 그의 말씀에 권위가 있었기 때문에**
4. 위의 답 모두

10 다음 요절을 완성하세요: "나로 말미암아 너희를 박해하고, 욕하고, 거짓으로 너희를 거슬러 모든 악한 말을 할 때에는 너희에게 복이 있나니..."
1. **"기뻐하고 즐거워 하라. 하늘에서 너희의 상이 큼이라. 너희 전에 있던 선지자들도 이같이 박해하였느니라."**
2. "너희가 나에게 영광을 돌렸기에 큰 상을 받을 것이다."
3. "너희가 한 일로 내가 기쁘고, 하늘에 계신 아버지도 기뻐하시리라."
4. "축하하고 기뻐하라. 훌륭한 일을 하였도다."

제 6 공과

마태복음 8:1-17,23-34;9:1-8

암송 요절

"하나님이여 주의 도는 극히 거룩하시오니 하나님과 같이 위대한 신이 누구오니이까 주는 기이한 일을 행하신 하나님이시라 민족들 중에 그의 능력을 알리시고" (시편 77:13-14)

성경의 진리

우리는 예수님이 행하신 기적들을 통해 그가 하나님의 아들이심을 믿을 수 있다.

요점

이번 공과를 통해 어린이들은 예수님께서 질병, 자연, 악을 이기는 권세를 갖고 계시다는 것을 배우게 될 것이다. 그는 또한 우리의 죄를 용서하는 권세를 갖고 계시다.

교사를 위한 도움의 말

성경 공부를 이끌어 가면서 예수님의 기적에 초점을 두고, 그러한 기적들은 우리가 예수님을 하나님의 아들이라고 믿는 것에 어떠한 도움을 주는지에 초점을 둔다.

성경 해설

이번 공과에 나오는 기적들은 예수님의 능력에 대해 가르쳐 주고 있다. 예수님께서 문둥병 환자, 베드로의 장모, 그리고 여러 사람들을 고치셨을 때, 예수님은 질병과 생명을 이기는 권세를 갖고 계심을 보여주셨다. 예수님은 사람들에게서 귀신을 쫓아내심으로써 초자연적인 권세도 갖고 계심을 보여주셨다. 호수의 폭풍을 잠재우시면서 자연에 대한 힘과 권세도 갖고 계심을 보여주셨다. 예수님은 모든 창조물에 대한 권세를 갖고 계신다. 우리를 이기려고 협박하는 그 어떤 것이라도 예수님을 이길 수는 없다.

이 기적들은 예수님께서 사람들을 아끼셨다는 것을 보여준다. 그가 중풍병에 걸린 환자를 치료하셨을 때, 예수님은 죄를 사하여 주시는 능력을 갖고 계심을 드러내셨다. 예수님의 기적들은 예수님이 구세주임을 보여주셨다.

예수님은 로마 백부장의 하인도 고쳐주셨다. 이 일을 통하여 예수님께서는 이방인들도 사랑하신다는 것을 보여주셨다. 예수님은 기적을 이용해서 하나님의 사랑과 자비를 보여주셨다. 그 기적들은 예수님이 하나님의 아들임을 증명해 주었다.

하나님의 성품

» 예수님은 우리를 위협하는 그 무엇보다 강한 능력이 있으시다.
» 예수님은 죄를 용서하실 수 있는 권위를 갖고 계신다.

신앙적 어휘

믿음은 하나님의 백성들이 그의 말씀을 믿고, 의지하고, 순종하게 하시는 하나님을 믿는 것이다.

45

인물

백부장은 100명의 군인을 지휘하던 로마의 군인 이다.

기타 어휘

나병은 여러 가지의 피부병을 말한다.

병은 질병이나 장애를 말한다.

꾸짖음은 경고나 날카로운 비평이다.

기적은 자연의 법칙을 거스르는 놀라운 사건이다. 하나님은 기적을 행하실때 그의 성품과 능력을 드 러내신다.

인자(사람의 아들)은 예수님을 뜻한다. 이것은 예 수님은 하나님의 아들이시지만, 사람으로 태어나 셨음을 의미한다.

활동

본 활동을 위하여 다음의 준비물이 필요하다:
» 게임에 참여하는 어린이들의 개인 깔개나 종이
» 스티커나 테이프

수업 전에, 깔개나 종이 중 하나를 골라 바닥에 스 티커나 테이프로 표시를 한 후 원형으로 교실 바닥에 깔아 놓는다.

이렇게 말한다: 오늘, 우리는 바닥에 깔아 놓은 깔 개 위에 앉아 있다가 선생님이 "일어나서 걸으세요" 하면 모두 일어나 왼쪽 방향으로 이동하세요. 선생님 이 "앉으세요" 하면 가장 가까운 깔개 위에 앉으면 됩니다. 만약 깔고 앉은 깔개 바닥 면에 스티커가 붙어 있으면 게임에서 나가야 됩니다!

게임에서 한 명이 나가게 되면, 깔개 하나를 뺀다. 깔개를 다시 모두 제자리로 뒤집어 놓고 섞어서 다시 원형으로 바닥에 깔아 놓는다. 한 명의 학생이 남을 때 까지 게임을 계속한다. 남은 한 명이 승리자가 된다.

이렇게 말한다: **예수님은 여러 가지 기적을 행하**

셨습니다. 오늘, 우리는 걸을 수 없었던 어떤 사람에 대 해 배울 것입니다. 예수님은 그에게 "일어나 걸어라" 라고 말씀하셨고, 그는 바로 일어나 걸었습니다! 또한 예 수님이 행하신 다른 기적들에 대해서도 배울 것입니다.

성경의 가르침

학생들에게 수업하기 이전에, 마태복음 8:1-17, 23-34; 9:1-8에서 응용한 다음의 이야기를 준비한다.

많은 사람들이 예수님을 따랐습니다. 그 중 나병을 앓고 있는 한 사람이 예수님께 나와 말했습니다. "주여, 원하시면 저를 깨끗하게 하실 수 있나이다."

예수님께서 대답하셨습니다. "내가 원하노니 깨끗 함을 받으라." 예수님은 그 사람의 나병을 깨끗하게 낫 게 해주셨습니다. 그리고 말씀하셨습니다. "아무에게 도 이르지 말고 다만 가서 제사장에게 네 몸을 보이고 모 세가 명한 예물을 드려 그들에게 입증하라."

예수님께서 가버나움에 가셨을 때, 백부장이 예수 님께 나아와 말하였습니다. "주여, 내 하인이 중풍병으 로 집에 누워 몹시 괴로워하나이다."

예수님께서 말씀하셨습니다. "내가 가서 고쳐 주 리라."

그러자 백부장이 말하였습니다. "주여 내 집에 들 어오심을 나는 감당하지 못하겠사오니, 다만 말씀으로 만 하옵소서. 그러면 내 하인이 낫겠사옵나이다."

예수님께서는 그 백부장의 믿음을 보고 놀라셨습니 다. 그리고 말씀하셨습니다. "이스라엘 중 아무에게서 도 이만한 믿음을 보지 못하였노라. 가라, 네 믿음대로 될지어다. 하인의 병은 나았다." 그 하인은 바로 그 순 간 병이 낫는 역사를 경험했습니다.

예수님은 베드로의 집에 들어가셨습니다. 베드로의 장모는 열병으로 앓아 누워 있었습니다. 예수님께서 장 모의 손을 만지시니 열병이 싹 나았습니다. 그 날 저녁, 많은 사람들이 귀신 들린 자들을 예수님께 데리고 왔습 니다. 예수님은 귀신들을 쫓아내시고, 병든 자들을 고쳐 주셨습니다.

예수님은 제자들과 배를 타셨습니다. 갑자기, 바다에서 큰 폭풍이 일어서 큰 물결이 배 위를 덮쳤습니다. 제자들은 예수님께 말했습니다. "주여, 구원하소서, 우리가 죽겠나이다!"

예수님은 이렇게 말씀하셨습니다. "믿음이 작은 자들아, 어찌하여 무서워하느냐?" 예수님께서 폭풍을 꾸짖으시자, 바다는 잔잔하게 되었습니다.

이 기적으로 제자들은 무척 놀랐습니다. 그들은 이렇게 말했습니다. "이 이가 어떠한 사람이기에 바람과 바다도 순종하는가?"

예수님은 가다라 지방에 도착하셨습니다. 그 곳에 있는 무덤 사이에서 두 명의 귀신들린 자들이 살고 있었습니다. 그들은 너무 사나워 아무도 가까이 갈 수가 없었습니다. 그들은 예수님께 말했습니다. "하나님의 아들이여, 우리가 당신과 무슨 상관이 있나이까? 때가 이르기 전에 우리를 괴롭게 하려고 여기 오셨나이까?"

마침 근처에 돼지 떼가 있었습니다. 귀신들이 예수님께 간구하였습니다. "만일 우리를 쫓아내시려면, 돼지 떼에 들여 보내주소서."

예수님께서 그들에게 "가라!" 라고 말씀하시니, 귀신들은 두 남자에게서 나와 돼지 떼로 들어갔습니다. 돼지들은 비탈길로 내리달아 바다물로 들어갔습니다. 그러자, 돼지를 치던 사람들이 시내에 들어가서 이 일에 대해 사람들에게 말했습니다. 온 시내 사람들이 예수님께 와서, 그 지방에서 떠나시기를 간구하였습니다.

예수님은 다시 배에 오르시고 고향에 가셨습니다. 어떤 사람들이 중풍병에 걸린 친구를 데리고 왔습니다. 예수님은 "네 죄 사함을 받았느니라." 라고 말씀하셨습니다.

그러자, 어떤 서기관들이 속으로 "이 사람이 신성을 모독하는도다." 라고 생각하였습니다.

예수님은 그들의 생각을 아시고 이렇게 말씀하셨습니다. "네 죄 사함을 받았느니라 하는 말과 일어나 걸어가라 하는 말 중에 어느 것이 쉽겠느냐? 그러나, 인자가 세상에서 죄를 사하는 권능이 있는 줄 너희로 알게 하려 하노라" 그리고 예수님은 중풍병자에게 "일어나 네 침상을 가지고 집으로 가라." 라고 말씀하시니, 그가 일어나 집으로 돌아갔습니다.

사람들이 이 일을 보고, 두려워하며 하나님께 영광을 돌렸습니다.

학생들이 다음의 질문에 대답할 수 있도록 도와준다. 맞고 틀린 답은 없다. 이 질문들은 학생들이 이야기를 이해하고 자신들의 삶에 적용할 수 있도록 도울 수 있을 것이다.

1. 백부장은 왜 예수님이 자신의 집에 오시는 것을 감당하지 못한다고 생각했습니까?
2. 예수님의 제자들은 왜 폭풍우를 두려워했습니까? 그들의 믿음과 백부장의 믿음은 어떻게 달랐습니까?

이렇게 말한다: 여러분은, 사람들이 예수님에 대해 어떻게 느꼈을지 상상할 수 있겠습니까? 예수님은 손으로 만지심으로 또는 그의 말 한마디로 병자를 고치셨습니다. 그들은 예수님을 믿었고, 그의 고치는 능력을 믿었습니다. 예수님은 영화 속 주인공보다 더 큰 능력을 갖고 계십니다. 예수님의 기적들은 우리의 구세주는 우리를 보살피신다는 것을 알게 해 줍니다. 그는 우리의 삶을 바꿀 수 있는 능력을 갖고 계십니다.

암송 요절

본 공과의 암송 요절을 연습한다. 137-138쪽에서 몇 가지 아이디어를 얻을 수 있다.

추가 활동

학생들의 효과적인 성경 공부를 위해 다음 중 추가 선택할 수 있다.

1. 본 공과에 나온 인물들의 명단을 적어본다. 각 인물들의 믿음을 비교해 보라. 그들의 믿음은 어떤 결과를 가져왔는가? 하나님을 믿는 일을 방해하는 장애물에는 어떤 것들이 있는가? 오늘 공과에 나온 인물들과 예수님의 제자들의 믿음을 비교할 때 어떻게 다른가?

2. 아이들이 오늘 본문에 나온 각 각의 기적을 눈으로 본 사람들과 가상 인터뷰를 해보게 한다. 아이들을 다음 인물들 중 선택한다: 인터뷰 기자, 중풍병 환자, 백부장,베드로의 장모, 배 위에서 폭풍이 잔잔해진 것을 본 예수님의 제자들, 귀신 들렸다가 치료받은 자들. 준비된 대본은 없다. 아이들이 인터뷰를 하면서 각 인물들이 예수님을 만났던 이야기를 회상하게 한다.

성경 퀴즈 기본 문제

아이들의 성경 퀴즈 준비를 위해 마태복음 8:1-17,23-34; 9:1-8을 읽어준다.

1 중풍병자는 예수님께 어떻게 말했습니까? (8:2)
1. "저에게서 떨어지십시오. 저는 깨끗하지 못합니다."
2. **"주여, 원하시면 저를 깨끗하게 하실 수 있습니다."**
3. "주여, 왜 이런 일이 저에게 일어났습니까?"

2 예수님은 백부장의 믿음을 보시고 어떻게 말씀하셨습니까? (8:10)
1. "그는 믿음이 부족하다."
2. "세상에 이보다 믿음이 좋은 사람은 없다."
3. **"이스라엘 중 아무에게서도 이러한 믿음을 보지 못하였다."**

3 예수님은 베드로의 장모의 병을 어떻게 고치셨습니까? (8:15)
1. **장모의 손을 만지셨다.**
2. 장모의 이마에 손을 대셨다.
3. 열병에게 당장 나가라고 명령하셨다.

4 예수님과 제자들이 배에 오른 후에 어떤 일이 일어났습니까? (8:23-24)
1. 사나운 폭풍이 바다를 쳤다.
2. 심한 물결이 배를 덮쳤다.
3. **위의 답 모두**

5 두 명의 귀신들린 자들은 어디에서 예수님을 만났습니까? (8:28)
1. 바다
2. **무덤 사이**
3. 성전

6 두 명의 귀신들린 자들은 어떻게 행동했습니까? (8:28)
1. 밤낮으로 소리치고 다녔다.
2. 가까이 오는 사람들을 모두 죽였다.
3. **너무 사나워서 사람들이 그 길로 지나다니지 못했다.**

7 예수님께서 귀신들린 자들을 치료하신 후 시내에 있던 사람들은 어떻게 했습니까? (8:34)
1. **예수님께 떠나 달라고 간구했다.**
2. 예수님께 도와주셔서 감사하다고 말했다.
3. 예수님을 위해 잔치를 벌였다.

8 사람들은 누구를 예수님께 데려왔습니까? (9:1-2)
1. 나병 환자
2. **중풍병 환자**
3. 귀신들린 사람

9 예수님은 중풍병자에게 어떻게 하라고 말씀하셨습니까? (9:6)
1. 큰 믿음을 갖으라고
2. 죄 사함을 위해 간구하라고
3. **자리를 들고 일어나 집으로 가라고**

10 예수님께서 중풍병자를 고치셨을 때 사람들이 어떻게 했습니까? (9:8)
1. 중풍병 환자가 자리를 들고 집으로 가도록 도왔다.
2. **하나님께 영광을 돌렸다.**
3. 위의 답 모두

성경 퀴즈 고급 문제

아이들의 성경 퀴즈 준비를 위하여 마태복음 8:1-17,23-34; 9:1-8를 읽어 준다.

1 예수님께서 나병 환자를 고치신 후, 어떻게 하라고 말씀하셨습니까? (8:4)

1. "아무에게도 말하지 말아라."
2. "가서 제사장에게 네 몸을 보여라."
3. "모세가 명한 예물을 드려라"
4. **위의 답 모두**

2 예수님께서 가버나움에 들어가셨을 때 어떤 일이 일어났습니까? (8:5)

1. 나병 환자가 고쳐 달라고 왔다.
2. **백부장이 와서 도움을 청했다.**
3. 제사장이 와서 질문을 했다.
4. 중풍병 환자가 예수님을 만나러 왔다.

3 예수님은 베드로의 장모를 위해 어떤 일을 하셨습니까? (8:14-15)

1. 귀신을 쫓아내 주셨다.
2. 성경 말씀을 가르쳐 주셨다.
3. **열병을 고쳐 주셨다.**
4. 음식을 대접했다.

4 예수님이 병자를 고치고 귀신들린 자를 고침으로 이사야의 예언 중 어떤 부분을 이루셨습니까? (8:17)

1. **"우리의 연약함을 친히 담당하시고 병을 짊어 지셨다."**
2. "우리를 사랑하셨고, 우리를 위해 생명을 주셨다."
3. "십자가를 지심으로 우리의 질병을 고치셨다."
4. "그의 고치심으로 구세주임을 증명하셨다."

5 폭풍이 일어나서 제자들이 예수님을 깨웠을 때 예수님께서 어떻게 말씀하셨습니까? (8:26)

1. "믿음이 작은 자들아, 내가 폭풍을 잔잔하게 할 수 있다는 것을 모르느냐?"
2. "나를 깨우기를 잘하였다."
3. **"믿음이 작은 자들아, 어찌하여 무서워하느냐?"**
4. "믿음이 크도다."

6 무덤 사이에 살고 있던 귀신 들린 두 남자를 예수님께서는 어떻게 고치셨습니까? (8:28, 32)

1. 그들을 위해 기도하셨다.
2. **그 귀신들을 돼지 떼에 들어가게 하셨다.**
3. "귀신들아, 그들에게서 나와라!" 라고 소리치셨다.
4. 위의 답 모두

7 돼지 떼에게는 어떤 일이 일어났습니까? (8:32)

1. 돼지 떼를 치던 사람들을 밟아 죽였다.
2. 귀신 들렸던 두 사람을 공격하였다.
3. 시내 근처로 달렸다.
4. **비탈 길을 따라 달려 바다로 들어갔다.**

8 예수님께서 중풍병 환자에게 그의 죄를 사한다고 말씀하셨을 때, 어떤 서기관들은 어떻게 말했습니까? (9:3)

1. **"이 사람이 신성을 모독한다."**
2. "먼저 이 병자를 고치고, 그 다음에 죄를 사하시오."
3. "죄를 사하는 권위를 누가 주었소?"
4. "이 병자는 진정 그의 죄사함을 받을 필요가 있는 사람이오."

9 다음 중 예수님께서 중풍병 환자에게 하신 말씀은 어느 것입니까? (9:6)

1. "일어나라."
2. "자리를 들어라."
3. "집에 가라."
4. **위의 답 모두**

10 다음 요절을 완성하세요: "하나님이여 주의 도는 극히 거룩하시오니, 하나님과 같이 위대하신 신이 누구오니이까? 주는 기이한 일을 행하신 하나님이시라..." (시편 77:13-14)

1. "모든 신들보다 위대한 하나님이시고"
2. **"민족들 중에 주의 능력을 알리시고"**
3. "우리의 기도를 들으시는 유일한 하나님이시고"
4. "우리에게 유일한 하나님이시고"

제 7 공과
마태복음 9:9-13, 18-26, 35-38; 10:1-14

암송 요절

"이에 제자들에게 이르시되 추수할 것은 많되 일꾼이 적으니 그러므로 추수하는 주인에게 청하여 추수할 일꾼들을 보내주소서 하라 하시니라." (마태복음 9:37-38)

성경의 진리

예수님은 우리가 그의 제자가 되고 그의 나라를 이루는데 동참할 것을 청하신다.

요점

이번 공과에서, 예수님은 그의 제자들에게 사람들과 나누어야 할 복음을 주셨고 우리도 그 복음을 전파해야 한다는 점을 배운다.

교사를 위한 도움의 말

이번 성경 공부 시간에, 어린이들은 왜 예수님께서 제자들이 이방인이나 사마리아인들에게 나아가기를 원하지 않으셨는지 궁금해할지도 모른다. 예수님의 복음은 우선적으로 유대인을 위한 것이었다. 예수님의 부활 이후, 제자들은 복음을 온 온 세상에 알리게 되었다.

성경 해설

예수님이 살던 시대의 세리들은 그 사회에서 미움을 받았다. 그들은 로마의 지배 계층을 위해 일하던 유대인이었다. 그들은 이웃의 이득을 취해서 부자가 되었다. 바리새인들은 왜 예수님께서 세리 마태와 다른 죄인들과 함께 앉아 식사하는지 알고 싶어했다. 누군가와 함께 식사를 한다는 것은 그와 관계를 맺는다는 의미이다. 바리새인들은 예수님께서 세리들의 삶을 용서하시는 것으로 생각했다. 사실은, 예수님은 마태를 그의 삶 속의 죄에서 불러내신 것이다. 예수님의 사명은 사람들의 직책이나 명성과는 상관없이 그를 필요로 하는 사람들에게 다가가시는 것이었다.

하나님께서는 우리가 그의 추수밭에서 일하기를 원하시고, 사람들을 약속된 공동체로 데려오기를 원하신다. 우리는 더 많은 일꾼을 위해 기도한다. 구원은 "하나님과 나" 만의 일이 아니다. 예수님은 그가 이미 이스라엘을 통해 세우신 믿음의 공동체에 새로운 신자들이 계속 들어오기를 원하신다. 우리도 예수님처럼 지속적인 사랑을 가지고 세상 사람들에게 다가가야 한다.

하나님의 성품

» 하나님은 우리가 그를 따르고 그의 사랑을 다른 사람들과 나누기를 원하신다.

» 하나님은 우리를 내보내셔서 그의 나라를 넓히는 일을 돕게 하신다.

신앙적 어휘

제자는 누군가의 가르침과 삶을 따르는 사람이다. 예수님은 12명의 제자를 선택하셔서서 그들을 도와 복음을 전하게 하셨다. 지금은 예수님을 영접하고 따르는 모든 사람들이 그의 제자들이다.

인물

셀롯(가나안인 시몬이 이에 속함)은 하나님만이 이스라엘의 왕이라고 믿었던 유대인들의 한 무리이다. 그들은 로마로부터의 자유를 위해 싸우고 죽음을 불사르기도 했다.

활동

본 활동을 위해 다음의 준비물이 필요하다:

» 종이 몇 장
» 가위 몇 자루
» 볼펜, 연필, 혹은 싸인펜

수업을 시작하기 전, 가위로 종이를 오려서 12개의 종이 물고기를 만들고 각 각의 물고기 위에 암송 요절 마태복음 9:37절에서 2개 또는 3개의 단어를 적는다. 그리고 물고기를 교실 여기 저기에 숨겨 놓는다.

아이들에게 교실에 숨겨져 있는 12개의 물고기를 찾으라고 말한다. 그리고 아이들에게 물고기를 순서대로 배치하라고 말한다. 함께 암송 요절을 외워본다.

성경의 가르침

아이들에게 가르치기 전에, 마태복음 9:9-13, 18-26, 35-38; 10:1-14에서 응용한 다음의 이야기를 준비한다.

예수님은 직업이 세리인 마태를 보시고 "나를 따르라" 라고 말씀하셨습니다. 마태는 일어나서 그를 따랐습니다.

예수님과 그의 제자들은 마태의 집에서 많은 세리들과 죄인들과 함께 저녁 식사를 하셨습니다. 바리새인들은 예수님의 제자들에게 물었습니다. "어찌하여 너희 선생은 세리와 죄인들과 함께 잡수시느냐?"

예수님들은 그들이 이렇게 묻는 것을 들으시고 말씀하셨습니다. "건강한 자에게는 의사가 쓸데없고 병든 자에게라야 쓸데 있느니라. 나는 의인을 부르러 온 것이 아니요 죄인을 부르러 왔노라."

예수님께서 이렇게 말씀하실 때에, 한 관리가 와서 예수님께 절하였습니다. 그 관리는 그 날 자신의 딸이 죽었다고 말하며 예수님께 부탁했습니다. "오셔서 그 몸에 손을 얹어 주소서, 그러면 살아나겠나이다." 그러자 예수님은 일어나셔서 그를 따라 가셨습니다. 예수님의 제자들도 함께 갔습니다.

가시는 길에, 12년동안 혈루병을 앓던 한 여인이 예수님의 뒤로 와서 그의 겉옷 끝자락을 만졌습니다. 그 여자는 속으로 "예수님의 겉옷만 만져도 구원을 받을 것이다." 라고 생각하였습니다. 그러자 예수님은 돌아보시고 말씀하였습니다. "네 믿음이 너를 구원하였다."

예수님께서 그 관리의 집에 들어가셨을 때, 사람들에게 모두 물러가 있으라고 말씀하셨습니다. 예수님은 "이 소녀가 죽은 것이 아니라 자고 있다." 고 말씀하셨습니다. 사람들이 모두 밖으로 나가자, 예수님께서 그 소녀의 손을 잡으셨고 그 소녀가 일어났습니다.

예수님은 모든 도시와 마을을 두루 다니시며, 천국의 복음을 전하시고, 모든 병과 약한 것을 고치셨습니다. 예수님은 사람들을 보시고 불쌍히 여기셨는데, 이는 그들이 목자 없는 양처럼 고생하였기 때문입니다. 예수님은 제자들에게 이렇게 말씀하셨습니다. "추수할 것은 많은데 일꾼이 적다."

예수님은 제자들에게 더러운 귀신을 쫓아내며 모든 병과 약한 것을 고치는 권능을 주셨습니다. 그 제자들은 12명이었습니다. 그들의 이름은 다음과 같습니다: 베드로라 하는 시몬, 그의 형제 안드레, 세베대의 아들 야고보, 그의 형제 요한, 빌립, 바돌로매, 도마, 세리 마태, 알패오의 아들 야고보, 다데오, 가나안(셀롯)인 시몬, 그리고 예수님을 배신한 가룟 유다입니다.

예수님은 제자들에게 이방인에게나 사마리아 사람들에게 가지 말고 이스라엘의 잃어버린 양들에게 가라고 말씀하셨습니다. 그리고 그들에게 "천국이 가까이 왔다." 라고 전하라고 말씀하셨습니다. 예수님은 제자들에게 병든 자를 고치고, 죽은 자를 살리며, 나병 환자를 깨끗하게 하며, 귀신을 쫓아내라고 말씀하셨습니다. 또 말씀하시기를 어느 도시나 마을에 들어가든지 그 중에 합당한 사람을 찾아 떠날 때까지 그의 집에서 머물라고 하셨습니다. 예수님은 누구든지 제자들을 영접하지도 않고 그들의 말을 듣지도 않으면 그 집이나 도시에서 나가 발꿈치의 먼지를 떨어버리라고 하셨습니다.

어린이들이 다음 질문에 대답할 수 있도록 이끌어 준다. 맞고 틀린 답은 없다. 다음 질문들은 어린이들이 이야기를 잘 이해하고 자신들의 삶에 적용하는 데 도움이 될 것이다.

1. 여러분은 마태와 그의 친구들이 자신들에 대해 바리새인들이 어떻게 이야기하는지 알았을 것이라고 생각합니까? 만약 알고 있었다면, 어떤 느낌이 들었을까요?

2. 사람들은 예수님이 소녀가 죽지 않고 그저 잠들어 있다고 말씀하셨을 때 비웃었습니다. 그러면, 예수님께서 그 소녀를 일으키셨을 때는 그 사람들이 믿었을 거라고 생각합니까? 또는 왜 그렇지 않았을 거라고 생각합니까?

3. 하나님은 왜 그의 추수를 도울 일꾼들이 필요할까요?

4. 왜 어떤 도시들은 예수님과 그의 제자들을 환영하지 않았을까요?

학생들에게 말한다: 여러분은 자신이 중요하지 않은 사람이라고 느낀 적이 있습니까? 아마 자신의 일이 중요하지 않다고 느낀 적도 있을 것입니다. 하지만 그것은 사실이 아닙니다. 예수님은 여러분을 세상에서 가장 중요한 일을 하라고 부르셨기 때문입니다. 바로 그것은 그를 알지 못하는 사람들에게 복음이 무엇인지 알리는 일을 주셨기 때문입니다. 예수님은 자주 평범한 사람들을 부르셔서 그의 일을 돕게 하십니다. 그 사람들은 예수님을 알기 전에는 자신들이 중요하지 않은 사람들이라고 느꼈을지도 모릅니다.

예수님은 그들에게 말씀하셨습니다. "추수할 것은 많은데 일꾼이 적다." (10:37) 이 말씀은 세상에는 하나님의 사랑을 모르는 사람들이 많이 있다는 뜻입니다. 예수님을 아는 사람들이 그들에게 하나님의 사랑을 알려 주어야 합니다. 모든 사람들은 예수님을 위해 해야 할 일이 있고, 그 일은 아주 중요한 것입니다.

암송 요절

이번 공과의 암송 요절을 연습한다. 137-138쪽에서 몇 가지 아이디어를 얻을 수 있다.

추가 활동

어린이의 효과적인 성경 공부를 위해 다음의 활동 중 추가 선택할 수 있다.

1. 여러분과 가장 친한 친구들은 누구입니까? 그렇게 친하게 만드는 것은 무엇입니까? 예수님은 그의 제자들의 본보기가 되었고 멘토가 되셨습니다. 멘토는 어떤 일이나, 여러 가지 사건들을 통해 이끌어 주고 가르침을 주는 분입니다. 여러분의 가족과 친구들을 생각해 보세요. 그들 중에 여러분의 멘토가 있습니까? 그들에게서 예수님에 대해 배우는 것이 있습니까? 그들에게 예수님에 대해 가르쳐 줄 수 있는 것이 있습니까? 아이들이 기도해 줄 2명의 명단, 제자와 멘토의 이름을 적도록 도와준다.

2. 사역자 한 분을 교실로 초청하여 그 분의 간증과 목회로 부르심을 받은 경험을 들어본다. 아이들이 질문할 시간을 준다. 이 시간을 신중하게 여기도록 한다. 이 시간을 통해 여러분의 학생 중 어느 누구라도 목회자로 부르심을 받는

시간이 될 수도 있다. 아이들이 하나님께서는 모든 기독교인이 그들의 주변 사람들에게 복음을 전할 사명을 주신다는 것을 알게 한다.

성경 퀴즈 기본 문제

아이들의 성경 퀴즈 준비를 위하여, 마태복음 9:9-13, 18-26, 35-38; 10:1-14를 읽어 준다.

1 세관에 앉아 있는 마태에게 예수님은 어떻게 말씀하셨습니까? (9:9)

  1. "너의 죄는 용서받았다."

  2. "나를 따르라."

  3. "너는 사람들을 모으는 자가 될 것이다."

2 예수님과 마태의 집에서 함께 식사한 사람들은 누구입니까? (9:10)

  1. 바리새인들과 율법 선생들

  2. 많은 세리들과 죄인들

  3. 마태의 병든 친구들

3 예수님께서 마태의 집에서 식사하는 모습을 본 바리새인들은 그의 제자들에게 어떻게 질문했습니까? (9:10-11)

  1. "왜 당신의 선생은 세리와 죄인들과 함께 식사를 합니까?"

  2. "왜 당신의 선생은 마태에게 말을 겁니까?"

  3. "왜 마태는 우리를 식사에 초대하지 않았습니까?"

4 다음 중 예수님께서 바리새인들에게 한 말씀은 무엇입니까? (9:13)

  1. "나는 긍휼을 원하고 제사를 원하지 않는다."

  2. "나는 의인을 부르러 온 것이 아니고 죄인들을 부르러 왔다."

  3. 위의 답 모두

5 12년 동안 혈루병을 앓은 여인은 어떤 행동을 했습니까? (9:20)

  1. 예수님의 팔을 만졌다.

  2. 예수님의 겉옷 자락을 만졌다.

  3. 예수님께 병을 고쳐 달라고 간청했다.

6 예수님은 관리의 딸을 어떻게 고치셨습니까? (9:25)

  1. 예수님께서 소녀의 손을 잡았더니 일어났다.

  2. 예수님께서 소녀를 위해 기도해 주셨더니 일어났다.

  3. 예수님께서 소녀의 이마에 손을 대셨더니 일어났다.

7 예수님은 모든 도시와 마을들에서 어떤 일을 하셨습니까? (9:35)

  1. 율법 선생들에게 말씀하셨다.

  2. 예수님의 가족과 친구들을 방문하셨다.

  3. 가르치고, 말씀을 선포하고, 병자들을 고치셨다.

8 예수님은 왜 군중을 불쌍히 여기셨습니까? (9:36)

  1. 그들이 병들고 고침을 필요로 했기 때문이다.

  2. 그들은 목자없는 양들처럼 불쌍했기 때문이다.

  3. 그들은 가난하고 불쌍했기 때문이다.

9 예수님은 추수에 대해 제자들에게 어떻게 말씀하셨습니까? (9:37)

  1. "추수할 것은 많은데, 일꾼들이 적다."

  2. "추수할 것은 적은데, 일꾼들이 너무 많다."

  3. "추수할 것이 많으니, 가서 걷어 오너라."

10 예수님은 12명의 제자들에게 어떤 권능을 주셨습니까? (10:1)

  1. 더러운 귀신을 쫓아내고 모든 병과 모든 약한 것을 고치는 권능을 주셨다.

  2. 죽은 자를 살리는 권능을 주셨다.

  3. 악한 자들과 옳은 자들을 분별하는 권능을 주셨다.

성경 퀴즈 고급 문제

아이들의 성경 퀴즈 준비를 위해, 마태복음 9:9-13, 18-26, 35-38; 10:1-14을 읽어 준다.

1 마태가 세관에 앉아있는 것을 본 사람은 누구입니까? (9:9)
   1. 예수님
   2. 예수님의 제자들
   3. 대제사장
   4. 로마 관리자

2 예수님은 마태의 집에서 바리새인들에게 어떻게 말씀하셨습니까? (9:12-13)
   1. "건강한 자에게는 의사가 필요없고, 병든자에게 필요하다."
   2. "나는 긍휼을 원하고 제사를 원하지 않는다."
   3. "나는 의인을 부르러 온 것이 아니고 죄인들을 부르러 왔다."
   4. 위의 답 모두

3 "제 딸이 방금 죽었으나 오셔서 손을 얹어 주소서. 그러면 살 것입니다." 라고 말한 사람은 누구입니까? (9:18)
   1. 바리새인
   2. 관리
   3. 백부장
   4. 베드로

4 그의 딸이 죽은 관리와 함께 간 사람들은 누구입니까? (9:19)
   1. 예수님과 제자들
   2. 예수님 혼자
   3. 예수님과 바리새인들
   4. 예수님과 의사

5 예수님께서 관리의 집으로 가시는 길에, 그의 겉옷 자락을 만진 사람은 누구입니까? (9:19-20)
   1. 등이 굽은 여인
   2. 놀고 있던 두 어린이
   3. 한쪽 팔이 짧은 한 남자
   4. 12년 동안 혈루병을 앓은 한 여인

6 관리의 집에서 피리 부는 자들과 떠드는 무리들에게 예수님은 어떻게 말씀하셨습니까? (9:24)
   1. "물러가라. 너희들은 이 죽은 소녀를 도울 수 없다."
   2. "물러가라. 이 소녀는 죽은 것이 아니라 자고 있다."
   3. "물러가라. 너무 시끄럽다."
   4. "물러가라. 관리는 너희들이 여기 있는 것을 원하지 않는다."

7 예수님께서 제자들을 내보내실 때에 어떤 명을 주셨습니까? (10:5-10)
   1. 이방인이나 사마리아인들에게 가지 말아라.
   2. 천국이 가까이 왔다고 선포하라.
   3. 전대에 금, 은, 동을 차고 가지 말아라.
   4. 위의 답 모두

8 제자들이 어떤 성이나 마을에 들어갈 때 먼저 무엇을 해야 한다고 말씀하셨습니까? (10:11)
   1. 회당을 찾고 가르치기 시작해야 한다.
   2. 제사장을 찾고 자신들을 소개해야 한다.
   3. 합당한 사람을 찾고 그의 집에서 지낸다.
   4. 머물수 있는 여관을 찾는다.

9 제자들을 영접하지 않는 사람들이 있으면 어떻게 행동하라고 말씀하셨습니까? (10:14)
   1. 그 집이나 성을 위해 기도해 주고 떠난다.
   2. 예수님의 이름을 대고 부탁한다.
   3. 그 집이나 성을 나가 발끝의 먼지를 털어낸다.
   4. 성을 불질러 버린다.

10 다음 요절을 완성하세요: "이에 제자들에게 이르시되, 추수할 것은 많되 일꾼은 적으니 그러므로 추수하는 주인에게 청하여..." (마 9:37-38)
   1. "... 추수한 것을 어서 가져오소서."
   2. "... 추수할 일꾼들을 고용하소서."
   3. "... 추수할 일꾼들을 보내주소서."
   4. "... 와서 함께 일을 도우소서."

제 8 공과

마태복음 11:1-11,25-30; 12:1-14

암송 요절

"수고하고 무거운 짐 진 자들아 다 내게로 오라 내가 너희를 쉬게 하리라 나는 마음이 온유하고 겸손하니 나의 멍에를 메고 내게 배우라 그러면 너희 마음이 쉼을 얻으리니" (마태복음 11:28-29)

성경의 진리

예수님은 자기를 찾는 자에게 자신과 천국에 대한 진리를 알려주신다.

요점

이번 공과를 통해 예수님은 그가 행하신 모든 선행을 통해 자신이 구세주임을 알려주신다는 것을 어린이들에게 가르쳐준다.

교사를 위한 도움의 말

이번 성경 공부에서는, 요한의 의심에 대한 예수님의 대답에 초점을 두고 예수님의 기적들을 통해 하나님께서 자신을 우리에게 보여주고 계신다는 사실에 주목한다.

성경 배경

예수님의 말씀과 행동은 종종 우리의 예상과 다를 때가 많았으며, 그 뜻도 어떤 사람들에게는 분명치 않을 때가 많았다. 많은 경우에, 예수님의 방법에 대한 사람들의 반응은 그들이 하나님의 일에 대해 어떤 동기와 자세를 갖고 있는지를 드러낸다.

세례 요한은 구 언약시대의 훌륭한 예언자였다. 그는 구세주에 대해 예언했으며, 예수님은 하나님의 아들이라고 선포하신 그 분의 음성을 들었다. 요한은 예언의 말씀을 완성했으며, 자신의 삶에 대한 하나님의 계획에 순종하였다. 그럼에도 불구하고, 요한은 예수님에 대한 의구심을 갖고 있었다.

예수님은 요한에게 자신이 구세주라는 확신을 주셨다. 이 사실에 대한 증거는 구세주에 대한 관점을 새롭게 할 준비가 된 자들에게 보여졌다. 예수님이 구세주라고 믿었던 사람들은 하나님에 대한 새로운 관점을 갖게 되었다.

바리새인들은 예수님이 행하신 일들을 통해 그가 구세주일 거라는 증거를 발견하고 있었다. 그러나 그들은 세례 요한과는 달리 하나님에 대한 깊은 이해를 받아들이지 못했다. 안식일에 대한 예수님의 관점은 구약과 일치한 것이었다. 바리새인들의 안식일에 대한 관점은 그렇지 않았다. 그들은 성경을 제대로 이해하지 못했고 예수님의 방법을 제대로 이해하지 못했다. 한쪽 손이 마른 자를 고치신 일을 통해 그들은 예수님의 권능을 확신했어야 했다. 하지만, 그들은 오히려 예수님을 죽이려고 했다.

하나님의 성품

» 예수님은 자신이 구세주라는 것을 증명했다.

» 예수님은 피곤한 자들을 살피신다.

신앙적 어휘

예언자는 하나님이 그의 메시지를 받고 전달하는 사람이다.

기타 어휘

안식일은 하나님께서 그를 경배하고 쉬라고 주신 날이다.

멍에는 짐승 두 마리가 함께 일할 수 있도록 연결시키는 나무 연결대이다.

겸손하다는 것은 자신보다는 하나님과 남들에게 더 관심을 두고, 하나님께서 우리에게 해 주신 일에 대해 찬양을 돌리는 행위이다.

활동

본 활동을 위해 다음의 준비물이 필요하다:

» 칠판이나 화이트 보드
» 종이 26장 (26단어)
» 분필이나 수성펜
» 테이프

수업을 시작하기 전, 칠판이나 화이트 보드에 오늘의 암송 요절을 적는다. 각 단어를 종이로 한 장씩 가린다. 종이 위에 순서대로 번호를 매긴다.

학생들에게 말한다: 여러분은 오늘 종이 뒤에 숨겨져 있는 암송 요절의 단어 하나씩 보게 될 것입니다. 선생님이 이름을 부르는 학생이 아무 번호를 부르면 선생님이 그 종이를 떼어낼 것입니다. 선생님이 종이를 떼어내면 그 뒤에 숨겨져 있던 단어를 큰 소리로 함께 읽을 것입니다. 그 다음은, 처음 이름이 불렸던 학생이 다른 친구의 이름을 부르고 그 학생은 다른 번호를 말하면 됩니다.

학생들이 모든 종이를 떼어낼 때까지 계속한다. 다 떼어내면, 칠판 위의 요절을 지우고, 학생들과 함께 다시 암송해 본다.

이렇게 말한다: 우리는 오늘 배울 말씀의 요절이 하나씩 그 모습을 드러내는 활동을 했습니다. 오늘 공과에서는, 예수님께서 그의 기적들을 통해 예수님이 진정 어떠한 분이신지를 드러내셨음을 배우게 될 것입니다.

성경의 가르침

아이들에게 수업하기 전에, 마태복음 11:1-11, 25-30; 12:1-14에서 응용한 다음의 이야기를 준비한다.

예수님은 하나님께서 예수님을 따르는 자들이 어떻게 살기를 원하시는지에 대해 많은 것들을 제자들에게 가르쳐 주셨습니다. 예수님과 제자들은 가르치고 전도하기 위해 갈릴리로 가셨습니다.

세례 요한은 예수님이 근처에 오셨다는 말씀을 듣고 그의 제자를 예수님께 보내어 물었습니다. "오실 그분이 당신이십니까? 아니면 다른 분을 기다려야 합니까?"

예수님은 이렇게 대답하셨습니다. "요한에게 가서 맹인이 보게 되고, 절름발이가 걷게 되고, 나병 환자가 깨끗해짐을 받았고, 못듣는 자가 듣게 되고, 죽은 자가 살아난다고 전해라."

요한의 제자가 떠났을 때, 예수님은 사람들에게 말씀하셨습니다. "너희가 바람에 흔들리는 갈대를 보려고 광야에 나갔느냐? 그렇지 않으면, 무엇을 보려고 나갔느냐? 좋은 옷을 입은 사람들을 보기 원해서이냐? 아니다, 좋은 옷을 입은 사람들은 왕궁에 살고 있다. 예언자를 보러 왔느냐? 그렇다. 너희는 예언자보다 더 나은 사람을 보았다. 그는 세례 요한이며, 누구도 그보다 더 높을 수는 없다. 그러나, 천국에서는 지극히 작은 자라도 그보다도 크다."

예수님은 하나님과 자신의 관계에 대해 말씀하셨다. "천지의 주님이신, 아버지 감사합니다. 아버지의 모습을 어린 아이들에게 나타내셨습니다."

"내 아버지께서 모든 것을 내게 주셨으니, 아버지 이 외에는 아들을 아는 자가 없고, 아들과 아들의 소원대로 계시를 받은 자 외에는 아버지를 아는 자가 없습니다."

예수님은 사람들은 지칠 때가 있다는 것을 아셨습니다. 그래서 이렇게 말씀하셨습니다. "수고하고 무거운 짐 진 자들아, 다 내게로 오라. 내가 너희를 쉬게 하리라. 나는 마음이 온유하고 겸손하니, 나의 멍에를 메고 내게 배우라. 그리하면 너희 마음이 쉼을 얻으리니 이는 내 멍에는 쉽고 내 짐은 가벼움이라 하시니라."

유대 지도자들은 안식일에 대하여 많은 규칙들을 지켰습니다. 안식일에, 예수님은 제자들과 밀밭 사이로 지나가고 계셨습니다. 제자들이 배가 고파지자, 그들은 이삭을 잘라 먹었습니다. 바리새인들이 보고 이렇게 말했습니다. "당신의 제자들이 안식일을 지키지 않고 안식일에 못할 일을 하였습니다."

예수님은 이렇게 대답하셨습니다. "다윗과 그의 사람들이 배고플 때에 한 일을 기억하지 못하느냐? 그들은 하나님의 전에 들어가 진설병을 먹었다. 마찬가지로, 제사장들이 성전 안에서 안식일을 범하여도 죄가 없다고 성경이 말씀하셨다. 여기에 성전보다 더 큰 이가 있다. 인자는 안식일의 주인이다."

예수님께서 회당에 들어가셨을 때에, 한쪽 손이 마른 사람을 만나셨습니다. 바리새인들은 예수님을 고발할 구실만 찾고 있었기에 예수님께 이렇게 물었습니다. "안식일에 병을 고치는 것이 옳은 일입니까?"

예수님은 대답하셨습니다. "만약 너희의 양이 안식일에 구덩이에 빠졌으면, 너희는 그 양을 구해낼 것이다. 사람은 양보다 훨씬 귀하다. 그러므로, 안식일에 선을 행하는 것이 옳다."

예수님은 손이 마른 자에게 "네 손을 내밀어라." 라고 말씀하셨습니다. 그가 예수님께 손을 내밀자 그 손은 다 나았습니다. 이 일로 바리새인은 화가 나서 예수님을 죽일 음모를 꾸몄습니다.

아이들이 다음 질문에 대답할 수 있도록 도와 준다. 맞고 틀린 답은 없다. 다음 질문들은 아이들이 이 이야기를 이해하고 자신들의 삶에 적용하는 데 도움이 될 것이다.

1. 요한은 왜 예수님이 구세주인지 알기 원했습니까? 여러분은 하나님께 어떤 일을 알거나 이해할 수 있도록 도와 달라고 한 적이 있습니까? 어떤 일이었습니까?
2. 예수님은 기적을 행하실 때에 자신이 구세주임을 보여주셨습니다. 그가 구세주임을 보여주셨던 다른 방법이 있었습니까?
3. 예수님은 마태복음 12:1-14에서 바리새인들을 대적하였습니다. 바리새인들이 어떤 느낌을 받았을까요? 누군가가 여러분을 대적한 적이 있습니까? 그 때, 어떤 느낌이 들었습니까?

학생들에게 말한다: 여러분의 삶에서 혼란스러운 적이 있습니까? 사람들은 자주 하나님에 대해 혼란스러워할 때가 많습니다. 그들은 하나님께서 그들이 어떻게 살기 원하시는지에 대해 혼란스러워할 때가 있습니다. 마찬가지로, 요한은 예수님께서 자신이 예수님은 누구인지에 대해 혼란스러워하는 부분을 깨끗하게 해주시기를 원했습니다. 우리가 성경을 읽을 때, 기도할 때, 예수님을 하나님의 아들로 받아들일 때, 우리는 진정 하나님이 누구이신지를 알게 됩니다. 우리가 어떻게 살아야 하는지에 대한 바른 이해도 얻게 됩니다.

암송 요절

오늘의 본문을 위한 암송 요절을 연습한다. 몇 가지 제안을 137-138쪽에서 얻을 수 있다.

추가 활동

어린이들의 효과적인 성경 공부를 위해 다음의 활동 중 추가 선택할 수 있다.

1. 요한이 감옥에 갇혔을 때에, 그는 예수님으로부터 격려를 받았다. 모두 함께, 우리가 다른 사람을 격려할 수 있는 방법들에 대해 생각해 본다. 격려가 필요한 교인들이나 동네 사람들에게 짧은 메시지를 적어본다.

2. 오늘날에도 하나님께서 기적을 행하시는지에 대해 토론한다. 아이들이 주변의 어른들에게 그들이 알고 있는 하나님의 기적이 있는지 질문해 보도록 한다. 아이들이 알게 된 사실들을 함께 나눈다.

성경 퀴즈 기본 문제

아이들의 성경 퀴즈 준비를 위해, 마태복음 11:1-11, 25-30; 12:1-14를 읽어 준다.

1 예수님이 어떤 일을 행하시는지 감옥에서 들은 사람은 누구입니까? (11:2)

   1. 베드로와 야고보
   2. 야고보와 요한
   3. 세례 요한

2 세례 요한은 예수님이 행하신 일에 대해 들었을 때 어떻게 했습니까? (11:2-3)

   1. 그의 제자들을 예수님께 보냈다.
   2. 감옥을 탈출해서 예수님을 만나러 갔다.
   3. 예수님이 하신 모든 일로 하나님을 찬양했다.

3 요한의 제자들은 예수님께 어떤 질문을 했습니까? (11:3)

   1. "우리를 위해 십자가에서 돌아가실 때는 언제입니까?"
   2. "오실 분이 당신입니까? 아니면 다른 분을 기다려야 합니까?"
   3. 위의 답 모두

4 예수님의 말씀에 따르면, 세례 요한에 대해 예언한 구약의 말씀은 무엇입니까? (11:10)

   1. "내가 그를 위대한 선지자로 만들 것이다."
   2. "내가 너보다 앞서 사자를 보낼 것이다."
   3. "그는 언젠가는 좋은 옷을 입게 될 것이다."

5 예수님은 사람들을 그에게 오라고 하시면서 어떻게 말씀하셨습니까? (11:28)

   1. "가난한 자는 다 내게로 오라, 내가 도와줄 것이다."
   2. "배고픈 사람은 다 내게로 오라, 내가 먹여줄 것이다."
   3. "수고하고 무거운 짐 진 자들아, 다 내게로 오라. 내가 너희를 쉬게 하리라."

6 예수님은 자신의 멍에와 짐에 대해 어떻게 말씀하셨습니까? (11:30)

   1. "내 멍에는 쉽고 내 짐은 가볍다."
   2. "내 멍에와 짐은 모든 사람들에게 잘 맞는다."
   3. "내 멍에와 짐은 너희를 강하게 만들 것이다."

7 예수님의 제자들은 안식일에 배가 고파서 어떻게 했습니까? (12:1)

   1. 곡식의 이삭을 잘라서 먹었다.
   2. 돌을 빵으로 만들었다.
   3. 고기를 잡으러 호수로 갔다.

8 예수님은 안식일의 주인은 누구라고 말씀하셨습니까? (12:8)

   1. 하나님 아버지
   2. 하늘의 천사들
   3. 인자

9 예수님께서 회당에 들어가셨을 때, 그 곳에 있었던 특별한 사람은 누구입니까? (12:9-10)

   1. 예루살렘에서 온 대제사장
   2. 한 손이 마른 사람
   3. 12년 동안 혈루병을 앓은 여인

10 예수님께서 안식일에 병을 고치신 일에 대한 바리새인들의 질문에 예수님은 어떻게 대답하셨습니까? (12:10,12)

   1. "나는 안식일에 절대 병을 고치지 않는다."
   2. "어떤 때는 안식일에 병 고치는 일이 옳다."
   3. "안식일에 선한 일을 하는 것은 율법적이다."

성경 퀴즈 고급 문제

아이들의 성경 퀴즈 준비를 위해, 마태복음 11:1-11, 25-30; 12:1-14를 읽어 준다.

1 세례 요한이 예수님께서 행하신 일에 대해 들은 곳은 어디입니까? (11:2)

  1. 감옥
  2. 헤롯의 재판대
  3. 사막
  4. 부모님의 집

2 다음 중 어떤 것이 예수님께서 요한의 제자들에게 하신 말씀입니까? (11:4-5)

  1. "보지 못하는 자는 볼 것이다."
  2. "걷지 못하는 자는 걸을 것이다."
  3. "죽은 자는 일어나고, 가난한 자에게 복음이 전파된다."
  4. 위의 답 모두

3 예수님은 세례 요한에 대해 어떻게 말씀하셨습니까? (11:11)

  1. "그는 누구라도 원하는 좋은 친구이다."
  2. "여자가 낳은 자 중 세례 요한보다 더 큰 자는 없다."
  3. "나는 선지자이지만, 요한은 선지자 이상이다."
  4. 위의 답 모두

4 다음 중 예수님이 사람들을 그에게 부르시면서 하신 말씀은 어느 것입니까? (11:29)

  1. 아픈 사람들은 그에게 오라고
  2. 그의 멍에를 메고 그에게 배우라고
  3. 그와 이야기를 나누면서 마음의 쉼을 얻으라고
  4. 위의 답 모두

5 안식일에 곡식의 이삭을 잘라서 먹은 사람들은 누구입니까? (12:1)

  1. 예수님과 그의 제자들
  2. 예수님과 그를 따르던 사람들
  3. 예수님의 제자들
  4. 제자들과 그의 부인들

6 예수님의 제자들이 안식일에 이삭을 잘라먹는 것을 본 바리새인들은 예수님께 무엇이라고 했습니까? (12:2)

  1. "당신의 제자들은 안식일에 왜 율법을 거스르는 일을 합니까?"
  2. "당신의 제자들은 참 지혜롭습니다."
  3. "당신의 제자들은 이스라엘의 법을 어겼습니다."
  4. "당신의 제자들은 너무 많이 먹지 말아야 합니다."

7 바리새인들이 예수님의 제자들이 안식일을 범하였다고 말했을 때, 예수님은 어떻게 말씀하셨습니까? (12:3-8)

  1. "다윗은 제사장들만 먹을 수 있는 진설병을 먹었었다."
  2. "제사장은 안식일을 범하였지만, 죄가 없었다."
  3. "성전보다 더 큰 이가 여기 있다."
  4. 위의 답 모두

8 예수님은 한 손이 마른 자에게 어떻게 하셨습니까? (12:13)

  1. 그가 예수님께 손을 내밀었을 때, 예수님께서 고쳐 주셨다.
  2. 그가 적당한 거리를 두고 손을 내밀었다.
  3. 예수님께서 그를 위해 기도하신 후, 손을 고쳐주셨다.
  4. 안식일이었기 때문에 예수님은 고쳐주시지 않았다.

9 예수님께서 손 마른 사람을 고쳐주신 후에 바리새인들은 어떻게 했습니까? (12:14)

  1. 하나님을 찬양했다.
  2. 예수님의 기적에 감사했다.
  3. 예수님을 죽일 음모를 꾸몄다.
  4. 화를 내며 예수님을 비난했다.

10 다음 요절을 완성하세요: "수고하고 무거운 짐 진 자들아, 다 내게로 오라... (11: 28-29)

  1. " 내가 평화를 주노라. 나의 가르침을 배워라."
  2. "내가 쉬게 하겠다. 쉬고 싶을 때마다 나에게 오라."
  3. "너희 마음이 쉼을 얻을 것이다."
  4. "내가 너희를 쉬게 할 것이다. 나의 멍에를 메고 내게 배우라."

제 9 공과

마태복음 13:1-23, 31-35, 44-46, 53-58

암송 요절

"그런즉 너희는 먼저 그의 나라와 그의 의를 구하라 그리하면 이 모든 것을 너희에게 더하시리라" (마태복음 6:33)

성경의 진리

하나님은 우리가 그의 나라에 대해 알기 원하시며, 예수님은 이러한 진리에 대해 여러 가지 비유를 들어 가르쳐주셨다.

요점

이번 공과에서 어린이들은, 예수님께서 우리가 더 쉽게 이해할 수 있도록 하늘 나라에 대해 여러 가지 비유로 가르쳐주셨다는 사실을 배우게 될 것이다.

교사를 위한 도움의 말

성경 공부를 이끌어 가면서, 아이들이 여러 가지 종류의 땅에 대해 잘 이해할 수 있도록 도와준다. 각 종류에 속하는 사람들은 어떻게 살고 행동하는지에 대한 예들을 함께 나누어본다.

성경 해설

제자들은 예수님께서 왜 여러 가지 비유로 말씀하시는지 궁금해 하였다. 그러나, 어떤 사람들은 그 의미들을 이해하지 못했다. 그 비유들은 하늘 나라를 설명하는 표현들이었다. 예수님에 대한 믿음이 진지하지 못했던 사람들은 그 비유의 의미들을 알지 못했다. 예수님에 대해 들은 사람들 중에는 많은 사람들을 비판하고, 고집스럽고, 문제 투성이인 자들도 있었다. 그들은 예수님의 말씀을 듣고 그의 기적을 보았지만, 예수님이 진정 누구이신지는 듣지도 보지도 못한 것이다.

제자들도 그 비유를 이해하지 못할 때가 있었다. 그러나, 영적으로 눈이 멀고 귀가 먼 자들과는 달리, 제자들은 관심을 갖고, 그 비유들이 무엇을 의미하는지 물었다. 그들은 예수님에 대해 진정으로 알기 원했고 순종하기 원했다. 제자들은 하나님에 대해 더 많이 알기를 원했고, 예수님을 더 잘 이해하기 원했다.

예수님은 우리가 더 열심으로 노력하여 그가 누구인지 알기 원하신다. 우리가 그에게 순종하기 원하신다. 예수님은 모든 사람들이 하나님 나라의 일원이 되기를 원하신다.

하나님의 성품

» 하나님은 성경을 통하여 우리가 하나님께 어떻게 순종할 수 있는 지 이해하도록 도와 주신다.

신앙의 어휘

비유는 특별한 가르침을 주기 위해 우리에게 익숙한 것들을 이용해서 말씀해 주시는 이야기이다. 예수님은 하나님과 그의 나라를 설명하기 위해 비유를 사용하셨다.

활동

본 활동을 위해 다음의 준비물이 필요하다:

» 종이 (아이들 수의 두 배 만큼)

» 볼펜, 연필, 혹은 싸인펜

수업을 시작하기 전에, 종이마다 아이들이 소중하다고 여기는 단어들을 하나씩 적는다. 음식의 종류, 쉴 수 있는 곳, 하나님, 가족등을 포함한다. 적은 종이들은 반으로 접는다.

수업 중에, 아이들이 둥그렇게 앉도록 하고 각 아이들에게 종이 한 장씩을 고르라고 한다. 어린이들은 자기가 고른 종이를 그대로 갖고 있어도 되고 더 소중한 것이 적혀 있을 것같은 종이와 바꾸어도 된다. 아이들이 종이를 펴서 적혀있는 단어들을 읽어 보게 한다. 적혀 있는 물건이나 인물이 왜 소중한지 이야기해 본다.

아이들에게 말한다: **여러분은 무엇을 위해 갖고 있는 돈을 모두 쓸 수 있습니까? 그 물건을 가진 후, 그것을 안전하게 지키기 위해 어떻게 하겠습니까?**

마태복음 13:44-46을 아이들에게 읽어 준다. 이렇게 말한다: **이야기에 나온 사람들은 그들의 소중한 물건들을 위해 어떻게 하였습니까? 예수님이 이 물건들을 하늘 나라에 비유하셨던 의미는 무엇입니까?** (하늘 나라는 그것을 얻기 위해 우리의 모든 것을 포기할 정도로 소중한 것입니다.)

성경의 가르침

수업 전에, 마태복음 13:23, 31-35,44-46, 53-58에서 응용한 다음의 이야기를 준비한다.

예수님은 바닷가에 앉으셔서 사람들에게 말씀을 전하고 계셨습니다. 많은 사람들이 해변에 서서 예수님의 주변에 모이게 되어, 예수님은 배 위에 오르셔서 그 위에서 말씀을 전하셨습니다. 그는 많은 말씀을 비유를 들어 전하셨습니다. 비유는 영적인 가르침을 주기 위해 우리에게 익숙한 것들을 사용하여 말씀해 주시는 것입니다.

예수님은 말씀하셨습니다. "농부가 씨를 뿌리러 나갔다. 어떤 씨는 길가에 떨어졌는데, 새들이 와서 그 씨를 먹어버렸다. 또 다른 씨는 돌밭에 떨어져서 흙이 충분하지 않았다. 땅이 얕아서 싹이 말라 버렸다. 다른 씨는 가시밭에 떨어졌는데 그 가시들이 자라서 싹이 자라지 못하게 하였다. 또 다른 씨는 좋은 땅 위에 떨어져서 30배, 60배, 100배의 결실을 맺었다." 그리고 예수님은 "귀가 있는 자들은 들으라."고 하셨습니다.

제자들은 예수님께 왜 비유로 사람들에게 말씀하시는지 물었습니다. 예수님은 "그들은 들어도 듣지 못한다. 그들의 마음은 완악하다."고 말씀하셨습니다. 예수님은 제자들에게 너희들은 보고, 듣고, 이해하기 때문에 복이 있다고 말씀하셨습니다.

그 후에 예수님은 씨 뿌리는 자에 대한 비유를 설명해 주셨습니다: "천국의 복음을 들은 자가 그 말씀을 이해하지 못하면, 악한 자가 와서 그 말씀을 빼앗아 버리게 된다. 이런 사람은 길가에 뿌려진 씨와 같은 것이다. 돌밭에 떨어진 씨는 말씀을 듣고 기쁨으로 받아들이는 사람이다. 그러나,뿌리 없는 싹처럼 환난이 올 때마다 곧 포기한다. 가시밭에 떨어진 씨는 말씀을 들어도 삶에 대한 걱정이 말씀을 삼켜서 결실이 없게 만든다. 그러나, 말씀을 받아들이고, 이해하고, 자라게 하며, 변화하는 사람은 좋은 땅에 떨어진 씨와 같다."

그리고 예수님은 사람들에게 또 다른 비유를 들어 말씀하셨습니다. "하늘 나라는 농부가 그의 밭에 뿌린 겨자씨와 같다. 그 씨는 아주 작으나, 자라면 그 가지 위에 새들이 앉아서 쉴 수 있을 만큼 크게 자란다. 하늘 나라는 또한 반죽에 넣은 누룩과 같아서 반죽이 부풀게 만든다."

예수님은 이 모든 일들을 비유로 말씀하였습니다. 그는 비유를 들지 않고는 말씀하지 않으셨습니다.

예수님은 또한 이렇게 말씀하셨습니다. "하늘 나

라는 어떤 사람이 땅 속에 숨겨놓은 보물과 같다. 그가 그것을 발견했을 때, 그는 보물을 다시 땅 속에 잘 묻어 놓았다. 그리고 나서, 기쁜 마음으로 자신의 모든 소유물을 팔아 그 땅을 샀다. 하늘 나라는 또한 값진 진주를 찾는 상인과 같은 것이다. 상인이 아주 귀한 진주를 찾으면, 자신이 갖고 있는 모든 것을 팔고, 그 진주를 살 것이다.”

예수님께서 이 비유를 마치신 후에, 사람들을 가르치러 고향에 가셨습니다. 사람들은 그의 지혜와 능력에 놀랐습니다. 그러나, 그들은 ‘이 사람은 목수의 아들에 지나지 않는가’ 하고 생각하였습니다. 예수님은 “선지자는 자기의 고향과 집에서만 존경받지 못한다.” 라고 말씀하셨습니다. 예수님은 그들의 믿음이 적으므로 고향에서는 많은 기적을 행하지 않으셨습니다.

아이들이 다음 질문에 대답할 수 있도록 도와 준다. 맞고 틀린 답은 없다. 이 질문들은 아이들이 이야기를 잘 이해하고 자신들의 삶에 적용하는 데 도움이 될 것이다.

1. 씨 뿌리는 자의 비유는 여러분의 삶과 하나님에 대한 여러분의 태도와 어떤 관계가 있습니까? 여러분은 어떤 종류의 땅입니까?

2. 하늘 나라는 겨자씨와 누룩과 어떤 관계가 있습니까?

3. 예수님은 본인의 고향에서 왜 환영받지 못하였습니까? 여러분은 이러한 일이 목회자들이나 다른 사람들에게도 있을 수 있다고 생각합니까? 그러한 예가 있으면 나누어 보세요.

아이들에게 말한다: 예수님은 하늘 나라에 대해 사람들에게 가르치실 때 비유로 말씀하셨습니다. 비유는 사람들에게 익숙한 여러 가지 물건이나 예를 들어 말씀하시는 것입니다. 사람들이 그 의미를 더 깊게 이해하기 위해서는, 그들이 예수님께서 가르쳐 주신 말씀을 받아들여야만 합니다.

하나님의 말씀은 전 세계로 퍼져 나갔습니다. 모든 사람들은 그 말씀을 믿을지 믿지 않을지 선택을 할 것입니다. 예수님은 우리가 그를 따르기를 선택하기 원하십니다. 여러분은 어떤 선택을 하였습니까?

암송 요절

본 공과의 암송 요절을 연습한다. 137-138쪽에 몇 가지 제안이 나와 있다.

추가 활동

어린이들의 효과적인 성경 공부를 위해 다음 활동 중 추가 선택할 수 있다.

1. 반 전체가 콩이나 잔디 씨앗을 심는다. 씨를 심으면서, 이런 질문을 한다: **어떤 식물이 자라게 됩니까? 예수님은 왜 여러 가지 땅에 떨어진 씨앗들을 하늘 나라에 비유하였습니까?** 반 전체가, 씨앗이 자라 줄기가 나올 때까지 함께 보살핀다. 식물이 자라면, 아이들이 다른 사람들에게 보여주며 씨앗의 비유를 이야기해 줄 수 있도록 격려한다.

2. 겨자씨의 중요함에 대해 연구해 본다. 이렇게 질문한다: **하나의 겨자씨에서 수확할 수 있는 겨자는 얼마나 됩니까? 예수님은 왜 하늘 나라를 겨자씨에 비유하셨습니까?** 누룩(이스트)의 중요성도 연구해본다. 이스트를 넣은 빵 조리법을 찾아 한 번은 이스트를 넣고 또 한 번은 이스트를 넣지 않고 빵을 만들어본다. 이렇게 질문한다: **이 두 빵의 차이점은 무엇입니까? 예수님은 왜 누룩을 하늘 나라에 비유했습니까?**

성경 퀴즈 기본 문제

아이들의 성경 퀴즈 준비를 위해 마태복음 13:1-23, 31-35, 44-46, 53-58을 읽어 준다.

1 밭에 나가 씨를 뿌린 사람은 누구입니까? (13:3)

  1. 농부의 부인

  2. 씨 뿌리는 자 (농부)

  3. 농부와 그의 아들

2 씨가 길가에 떨어졌을 때 어떻게 되었습니까? (13:4)

  1. 사람들이 밟고 갔다.

  2. 새들이 먹어 버렸다.

  3. 위의 답 모두

3 가시밭에 떨어진 씨에게는 어떤 일이 일어났습니까? (13:7)

  1. 가시들이 줄기를 먹어버렸다.

  2. 가시와 씨들이 함께 잘 자랐다.

  3. 가시가 줄기의 기운을 막아 버렸다.

4 좋은 땅에 떨어진 씨는 어떻게 되었습니까? (13:8)

  1. 씨보다 2배의 열매를 맺었다.

  2. 씨보다 30배, 60배, 100배의 열매를 맺었다.

  3. 씨보다 300배의 열매를 맺었다.

5 예수님은 사람들을 가르치실 때에 왜 비유를 들어 말씀하셨습니까? (13:15)

  1. 사람들이 실제 이야기를 이해하지 못했기 때문에

  2. 사람들이 비유를 좋아했기 때문에

  3. 사람들의 마음이 완악해졌기 때문에

6 좋은 땅에 떨어진 씨는 많은 결실을 얻었습니다. 이는 어떤 사람을 말하는 것입니까? (13:8,23)

  1. 하나님의 말씀을 듣고 이해하는 자

  2. 마술의 힘을 사용할 수 있는 사람

  3. 위의 답 모두

7 겨자씨를 심으면 어떻게 됩니까? (13:32)

  1. 뿌리가 없기 때문에 말라서 죽는다.

  2. 작은 식물로 자란다.

  3. 큰 나무로 자라서 새들이 와서 가지 위에서 쉴 수 있다.

8 밭에 감추인 보물을 발견한 사람은 어떻게 했습니까? (13:44)

  1. 보물을 다시 숨겼다.

  2. 자기의 소유물을 다 팔아 보물이 감춰진 그 밭을 샀다.

  3. 위의 답 모두

9 예수님께서 자신의 고향으로 가셨을 때 어떻게 하셨습니까? (13:54)

  1. 회당에서 사람들을 가르치셨다.

  2. 모든 소유를 팔아서 회당에 드렸다.

  3. 회당에 있는 대제사장들과 토론하셨다.

10 예수님의 고향에 있는 사람들은 예수님의 가르침에 대해 어떻게 생각했습니까? (13:54,57)

  1. 모두 놀랐다.

  2. 예수님께 화가 났다.

  3. 위의 답 모두

성경 퀴즈 고급 문제

아이들의 성경 퀴즈 준비를 위해, 마태복음 13:1-23, 31-35, 44-46, 53-58을 읽어 준다.

1 예수님은 사람들을 가르치실 때 이야기를 사용하셨습니다. 어떤 종류의 이야기들을 사용하셨습니까? (13:3)
  1. 비유
  2. 동화
  3. 역사 이야기
  4. 제자들에 관한 실제 이야기

2 땅이 깊지 않아서 금방 나오는 씨는 어떤 씨입니까? (13:5)
  1. 돌밭에 떨어진 씨
  2. 좋은 땅에 떨어진 씨
  3. 길가에 떨어진 씨
  4. 가시밭에 떨어진 씨

3 가시밭에 떨어진 씨는 무엇과 같습니까? (13:22)
  1. 말씀을 듣지만, 세상의 염려와 재물의 유혹으로 막혀 결실을 맺지 못하는 자
  2. 게을러서 밭에서 잡초를 뽑지 못하는 자
  3. 밭을 제대로 관리할 수 있는 여유 돈이 없는 자
  4. 위의 답 모두

4 좋은 땅에 떨어진 씨와 같은 사람은 어떤 사람입니까? (13:23)
  1. 착하게 살고 선행을 많이 하는 자
  2. 다른 사람들보다 30배, 60배, 100배의 결실을 맺은 사람
  3. 그의 선함이 하나님의 선하심 같은 자
  4. 하나님의 말씀을 듣고, 깨닫고, 하나님을 위한 좋은 결실을 맺는 자

5 예수님은 하늘 나라를 어디에 비유하셨습니까? (13:31, 33)
  1. 겨자씨와 밀씨
  2. 겨자씨와 누룩
  3. 밀가루와 누룩
  4. 소금과 후추

6 밭에서 보물을 발견한 사람은 어떻게 했습니까? (13:44)
  1. 보물을 다시 숨긴 후 자신의 소유물을 다 팔아 보물이 숨겨진 밭을 샀다.
  2. 땅속에서 파내어 가져갔다.
  3. 그 밭을 소유한 주인에게서 보물을 샀다.
  4. 자신의 소유물이 아니기 때문에 보물을 밭에 그냥 두었다.

7 예수님께서 자신의 고향에서 가르치실 때 사람들은 어떤 반응을 보였습니까? (13:54,57)
  1. 모두 놀라서 말씀을 또 듣고 싶다고 부탁했다.
  2. 모두 놀라서 배척했다.
  3. 예수님을 배척하고, 죽이려고 했다.
  4. 예수님을 "존경받지 못하는 예언자" 라고 불렀다.

8 예수님의 고향 사람들은 예수님에 대해 어떻게 말했습니까? (13:55-56)
  1. 목수의 아들이 아닌가?
  2. 그의 형제들은 야고보, 요셉, 시몬, 유다가 아닌가?
  3. 이 사람의 모든 것이 어디서 났는가?
  4. 위의 답 모두

9 예수님은 자신의 고향에서 왜 기적을 많이 행하지 않으셨습니까? (13:58)
  1. 사람들의 믿음이 적었다.
  2. 사람들이 어떤 기적도 원하지 않았다.
  3. 사람들이 하나님은 믿었으나, 예수님은 믿지 않았다.
  4. 기적을 일으키실 시간이 없었다.

10 다음 요절을 완성하세요: "먼저 그의 나라와 의를 구하라, 그리하면..." (6:33)
  1. "하나님께서 너의 모든 기도에 응답하시리라."
  2. "너희는 진정 정의로운 자가 되리라."
  3. "이 모든 것을 너희에게 더하시리라."
  4. "너희는 하나님이 약속하신 주님의 땅에서 오랫동안 살리라."

제 10 공과

마태복음 14:1-36

암송 요절

"네 짐을 여호와께 맡기라 그가 너를 붙드시고 의인의 요동함을 영원히 허락하지 아니하시리로다" (시편 55:22)

성경의 진리

예수님은 우리를 보살피시기 때문에 우리는 그를 믿을 수 있다.

요점

이번 공과는 아이들에게 예수님은 우리를 보살펴 주신다는 사실을 가르쳐 준다. 이 때문에 우리는 그 분을 믿어야 한다.

교사를 위한 도움의 말

이번 성경 공부를 이끌 때 요점을 두어야하는 점은 예수님의 기적들은 사람들에 대한 그 분의 사랑을 보여주시기 위한 방법이었다는 것이다. 예수님은 아무리 피곤하고 혼자만의 시간이 필요할 때라 할지라도 사람들을 보살피셨다.

성경적 배경

예수님이 세례 요한의 죽음에 대해 들으셨을 때, 그는 홀로 "빈 들" 로 피하셨다. 예수님은 아마도 하나님과의 시간을 보내고 요한을 위해 애도할 시간을 필요로 했을 것이다. 그러나, 예수님이 그 장소에 도착했을 때, 그는 사람들이 자신을 기다리고 있는 것을 보았다. 예수님은 그들이 불쌍하다는 생각이 들었다.

예수님은 사람들을 먹이라고 말씀하셨다. 제자들에게는 모두에게 나누어줄 수 있을 만큼의 충분한 음식이 없었다. 그들은 예수님의 명령에 순종하며 그들이 갖고 있는 적은 양의 음식을 보여드렸다. 예수님은 빵과 생선을 주신 하나님께 감사 기도를 드리신 후, 여러 조각으로 나누셨다. 예수님은 그 나눈 음식들을 제자들에게 돌려주셨고, 그들은 사람들에게 나누어 주었다. 음식은 모든 사람들이 배불리 먹고도 남을 만큼 충분했다.

하나님의 성품

» 예수님은 우리를 보살피시고, 우리에게 필요한 것을 공급해 주실 수 있다.
» 예수님은 우리가 마땅히 믿어야 할 분이시다.

신앙의 어휘

불쌍히 여김은 우리가 다른 사람들을 도와주고 싶은 마음이 생기는 것이다.

인물

헤롯왕의 이름은 헤롯 안디바이다. 그는 빌립왕의 배 다른 형제였다.

세례 요한은 예수님의 길을 준비한 자이다. 그는 회개의 필요성에 대한 설교를 했다.

분봉왕은 왕국 또는 그 영토의 4분의 1을 다스리던 자이다.

헤로디아는 빌립왕의 전 부인으로 헤롯 안디바와 재혼했다.

장소

게네사렛은 약 6 $\frac{1}{2}$ 킬로 정도의 길이와 3 킬로 정도 넓이의 좁은 평야로 갈릴리 바다의 서북쪽 해안에 위치하고 있다.

기타 어휘

선서는 약속이다.

빈 들은 예수님이 혼자 시간을 보내려고 가신 곳이다.

사경은 오전 3시부터 6시 사이이다.

활동

본 활동을 위하여 다음의 준비물이 필요하다:

» 작은 의자 하나
» 눈가리개
» 두 명의 어른 도우미

수업을 시작하기 전에, 두 명의 어른 도우미에게 규칙을 설명한다. 도우미들은 두 사람 사이에 있는 의자를 잡는다. 의자는 땅에서 약 15센티 정도 떠 있다. 어린이 지원자를 한 명 뽑아 눈가리개를 쓰고 의자에 앉게 한다. 도우미들은 의자가 아직도 공중에 떠있는 척한다. 의자는 아직 같은 자리에 있지만, 공중에 떠있는 것이 아니고 도우미들의 무릎 위에 올려져 있다. 어린이는 자기가 공중 위에 떠있는 것처럼 느낄 것이다.

이렇게 말한다: **예수님께서 물 위로 걸으셨을 때, 예수님은 베드로에게 따라오라고 하셨습니다. 베드로는 어떤 일이 일어날지 알지 못하였지만 그래도 예수님을 따라갔습니다. 자, 이제 여러분이 믿음의 발걸음을** 뗄 때입니다. 의자에서 내려서 땅을 밟으세요! 어린이가 비틀거려 넘어지지 않도록 잡을 준비를 한다.

이렇게 말한다: **베드로는 자기 주변의 파도를 보고 두려움에 빠졌습니다. 그는 예수님께서 보살피고 계시다는 것을 잊어 버렸습니다. 오늘은 예수님께서 우리 모두를 보살피신다는 것을 배울 것입니다.**

성경의 가르침

수업을 하기 전에, 마태복음 14:1-36에서 응용한 다음의 이야기를 준비한다.

헤롯왕은 예수님께서 행하신 기적들에 대한 이야기를 들었습니다. 그는, "이 사람은 세례 요한이다. 그가 죽은 자 가운데서 다시 살아났다." 고 말했습니다.

헤롯왕이 이렇게 말한 것은 그가 요한을 잡아서 감옥에 넣은 적이 있기 때문입니다. 그것은 헤롯왕이 그의 동생 빌립의 아내였던 헤로디아를 기쁘게 하기 위한 행동이었습니다. 요한이 헤롯에게 "헤로디아를 부인으로 맞는 것은 옳지 않다" 고 했기 때문에 헤로디아는 요한을 싫어했습니다. 헤롯은 요한을 죽이고 싶었지만, 그는 다른 사람들이 두려웠습니다. 사람들은 요한이 선지자라고 믿었습니다.

헤롯의 생일날, 헤로디아의 딸이 헤롯왕을 위해 춤을 추었습니다. 헤롯은 기분이 좋아져서, 춤을 춘 아이에게 무엇이든 원하는 것을 들어주겠다고 약속했습니다. 헤로디아는 딸에게 세례 요한의 머리를 쟁반에 담아서 달라고 하라고 시켰습니다. 헤롯은 이 부탁에 잠시 근심이 되었지만, 그래도 그의 약속을 지켰습니다. 그는 사람들을 보내어 요한의 목을 베어 오게 하였습니다. 관리 중 한 사람이 요한의 머리를 헤로디아와 그의 딸에게 가져왔습니다. 요한의 제자들은 요한의 몸을 땅에 묻고, 예수님께 가서 이 일을 말씀드렸습니다.

예수님께서 요한에게 있었던 일을 들으시고, 홀로 조용한 곳으로 가셨습니다. 사람들은 예수님께서 그 곳으로 가신 것을 듣고, 모두 따라 갔습니다. 예수님은 많

69

은 사람들을 보시고는, 그들의 병을 고쳐 주셨습니다.

제자들은 날이 저물어가자, 예수님께 와서 이렇게 말하였습니다. "날이 저물었고, 이 곳은 뚝 떨어진 곳입니다. 사람들을 마을로 보내서 먹을 것을 사먹게 하십시오."

예수님께서 대답하였습니다. "멀리 갈 것 없다. 너희가 그들에게 먹을 것을 주어라."

제자들은 "우리에게 있는 것은 빵 다섯 덩어리와 물고기 두 마리 뿐입니다." 라고 대답했습니다.

예수님은 "그것들을 내게 가져 오라." 고 말씀하셨습니다. 그리고 사람들을 앉게 하였습니다. 예수님은 빵과 생선을 주심을 하나님께 감사한 후, 여러 조각으로 나누셨습니다. 그리고 예수님은 제자들에게 모여 있는 사람들에게 음식을 나누어 주라고 말씀하셨습니다. 모든 사람들은 먹고 싶은 만큼 충분히 먹었습니다. 제자들이 남은 음식을 거두어 들였더니, 12 바구니가 되었습니다. 음식을 먹은 사람들은 여자와 어린이를 제외하고 남자만 총 5천명이었습니다.

예수님은 제자들을 먼저 배를 태워 보내셨습니다. 그리고 사람들을 집으로 돌려 보내시고는 홀로 기도하러 산으로 올라 가셨습니다. 배는 땅으로부터 멀리 떨어져 있었고 바람은 매우 강했습니다. 파도와 바람은 배를 흔들었습니다.

이른 아침, 예수님은 제자들을 향해 물 위로 걸어 가셨습니다. 제자들은 예수님이 유령인 줄 알고, 두려움에 떨었습니다. 예수님은 "나이니, 두려워 말아라." 고 안심시키셨습니다.

이에 베드로는 "주님, 정말 주님이시면, 저에게 물 위로 걸어 오라고 말씀하십시오." 라고 말하였습니다. 예수님은 "오너라" 라고 명령하셨습니다.

베드로는 예수님께 걸어 갔습니다. 그러나, 베드로가 바람과 파도를 보자, 갑자기 겁이 나서 물 속으로 가라앉기 시작했습니다. 베드로는 "주님, 구해 주세요!" 하고 소리쳤습니다.

예수님은 곧 손을 뻗어 베드로를 잡으셨습니다. 그리고 베드로에게 말씀하셨습니다. "믿음이 적은 자여, 왜 의심을 하였느냐?"

예수님과 베드로가 배로 올라오셨을 때, 바람과 파도는 잠잠해졌습니다. 제자들은, "진실로 예수님은 하나님의 아들이십니다." 라고 고백하였습니다.

예수님과 제자들이 바다 다른 편에 도착하였을 때, 게네사렛에 배를 대셨습니다. 게네사렛의 사람들이 예수님을 알아보고, 다른 사람들에게 말을 전하였습니다. 그러자, 사람들은 병자들을 예수님께 데려오고, 예수님을 만진 자들은 모두 다 나았습니다.

아이들이 다음의 질문에 대답할 수 있도록 도와 준다. 맞고 틀린 답은 없다. 이 질문들은 어린이들이 이야기를 잘 이해하고 자신들의 삶에 적용할 수 있게 하는 데 도움이 될 것이다.

1. 예수님은 요한이 죽은 소식을 듣고 어떤 느낌을 받으셨습니까? 여러분은 사랑한 사람이 죽었던 경험을 한 적이 있습니까? 예수님은 왜 요한의 죽음 뒤에 기도하기를 원하셨습니까?

2. 예수님은 빵 다섯 덩어리와 생선 두 마리로 많은 사람들을 모두 먹이셨습니다. 여러분은 사람들이 이 기적을 눈으로 직접 보았을 때 무슨 생각을 하였다고 생각하나요? 여러분은 뭔가 기적적인 일을 본 적이 있습니까? 어떤 생각이 들었습니까?

3. 왜 예수님은 베드로에게 바다 위로 따라 걸어오라고 말씀하셨습니까? 여러분은 하나님께서 여러분이 하기 어려운 일을 하라고 말씀하시는 것을 경험한 적이 있습니까? 어떤 생각이 들었습니까?

아이들에게 말한다: 여러분은 누군가가 여러분을 보살피고 사랑한다는 것을 어떻게 알 수 있습니까? 사람들은 다른 사람을 위한 사랑과 관심을 어떻게 보여

줍니까? 사람들은 남들과 나눔으로써 그들을 보살핍니다. 또한 그들과 시간을 함께 함으로 보살핍니다. 오늘 공과 내용에서, 예수님은 사람들을 불쌍히 여기시는 행동으로 그의 보살핌을 보여 주셨습니다. 그는 병자들을 고치셨고, 또 배고픈 자들을 먹여 주셨습니다.

우리의 힘든 삶 속에서, 예수님은 우리에게 사랑과 자비하심으로 다가오십니다. 마치 베드로에게 손을 뻗으셨던 것처럼 우리에게 손을 뻗으십니다. 예수님은 우리 각자를 보살피시고, 우리 삶이 최고의 모습이기를 원하십니다. 우리가 그를 믿기를 원하십니다.

암송 요절

오늘 본문의 암송 요절을 연습한다. 몇 가지 제안을 137-138쪽에서 찾을 수 있다.

추가 활동

어린이들의 효과적인 성경 공부를 위해 다음 활동 중 추가 선택할 수 있다.

1. 반이 함께 갈릴리 바다에 대해 조사해 봅시다. 예수님이 사셨던 시대의 중요성은 어떤 것이었습니까? 오늘날의 중요성은 어떤 것입니까?

2. 베드로는 예수님을 따라 바다 위를 걸었습니다. 우리 함께 베드로의 충동적인 성격을 보여 주는 다른 사건들을 찾아 봅시다. 마태복음 16:13-20; 26:31-35,50-51; 요한복음 13:6-8의 말씀을 참고로 할 수 있습니다. 베드로가 예수님과 함께 보낸 시간은 베드로를 어떻게 변화시켰습니까?

성경 퀴즈 기본 문제

아이들의 성경 퀴즈 준비를 위하여, 마태복음 14:1-36을 읽어 준다.

1 헤롯은 세례 요한에게 어떻게 했습니까? (14:1,3)
   1. 요한을 체포하고 때렸다.
   2. 요한과 헤로디아에 대해 말다툼을 했다.
   3. 체포하고 감옥에 넣었다.

2 헤로디아의 딸은 헤롯의 생일날 그를 위해 무엇을 했습니까? (14:6)
   1. 노래를 불렀다.
   2. 춤을 추었다.
   3. 요리를 해드렸다.

3 헤롯은 왜 헤로디아의 딸에게 세례 요한의 머리를 쟁반에 담아 주겠다고 약속했습니까? (14:9)
   1. 그의 맹세와 식사에 초대한 사람들 때문에
   2. 요한을 제거하는 것을 기뻐했기 때문에
   3. 헤로디아의 딸을 사랑했기 때문에

4 예수님이 홀로 조용히 피하신 곳에 사람들이 따라왔을 때 어떻게 하셨습니까? (14:14)
   1. 그들을 불쌍히 여기셨다.
   2. 아픈 자들을 고쳐 주셨다.
   3. 위의 답 모두

5 저녁이 되었을 때, 예수님의 제자들은 예수님께 어떻게 여쭈었습니까? (14:15)
   1. "사람들을 보내어 음식을 사 먹게 하십시오."
   2. "빵 다섯 덩어리와 생선 두 마리로 사람들을 먹이십시오."
   3. 위의 답 모두

6 예수님은 빵 다섯 덩어리를 쪼개시기 전에 무엇을 하셨습니까? (14:19)
   1. 빵을 사람들에게 보여 주셨다.
   2. 하늘을 우러러 보시고 감사 기도를 하셨다.
   3. 위의 답 모두

7 빵 다섯 덩어리와 생선 두 마리를 먹은 사람들은 모두 몇 명입니까? (14:21)
   1. 5000명
   2. 여자들과 아이들, 그리고 5000명의 남자들
   3. 예수님의 제자들과 몇 명의 여자들과 아이들

8 예수님이 물 위로 걸어 가셨을 때, 베드로는 예수님께 무엇을 부탁하였습니까? (14:28)
   1. "물 위로 걸어 가는 방법을 가르쳐 주세요."
   2. "배로 올라 타셔서 저희를 구해 주세요."
   3. "저에게 물 위로 걸어 예수님께 오라고 말씀해 주세요."

9 베드로가 바람을 보았을 때, 어떤 일이 일어났습니까? (14:30)
   1. 두려워했고, 곧 물 속으로 가라앉기 시작했다.
   2. 바람을 타고 날기 위해 노력했다.
   3. "주님, 물 속으로 가라 앉아요!" 하고 소리쳤다.

10 예수님이 게네사렛에 도착하셨을 때, 사람들은 어떻게 했습니까? (14:35-36)
   1. 병자들을 데려오고 예수님께 맡겼다.
   2. 병자들이 예수님의 겉옷 끝자락을 만질 수 있도록 간청했다.
   3. 위의 답 모두

성경 퀴즈 고급 문제

아이들의 성경 퀴즈 준비를 위해, 마태복음 14:1-36을 읽어 준다.

1 헤롯은 왜 처음에는 세례 요한을 죽이지 못하였습니까? (14:5)

   1. 세례 요한을 선지자라고 믿는 사람들이 두려워서

   2. 요한과 대화할 수 있는 기회를 원했기 때문에

   3. 더 좋은 기회를 기다리고 있었기 때문에

   4. 속으로는 요한의 설교를 좋아했기 때문에

2 헤로디아의 딸은 헤롯에게 무엇을 부탁했습니까? (14:8)

   1. 헤롯의 여왕이 되게 해 달라고

   2. 세례 요한과 결혼하게 해 달라고

   3. 금은 보석을 달라고

   4. 세례 요한의 머리를 쟁반에 담아 달라고

3 헤로디아의 딸은 누구에게 세례 요한의 머리를 가져다 주었습니까? (14:11)

   1. 헤롯

   2. 요한의 제자들

   3. 그녀의 어머니

   4. 예수님

4 제자들은 어느 정도의 음식을 갖고 있었습니까? (14:17)

   1. 빵 다섯 덩어리와 생선 두 마리

   2. 빵 두 덩어리와 생선 다섯 마리

   3. 빵 네 덩어리와 생선 세 마리

   4. 빵 일곱 덩어리와 생선 세 마리

5 예수님은 빵을 떼기 전에 무엇을 하셨습니까? (14:19)

   1. 사람들에게 잔디 위에 앉으라고 말씀하셨다.

   2. 하늘을 우러러 보셨다.

   3. 감사 기도를 하셨다.

   4. 위의 답 모두

6 예수님께서 5000명을 먹이신 후에 무엇을 하셨습니까? (14:23)

   1. 바다 다른 편으로 가시기 위해 배를 타셨다.

   2. 기도하시기 위해 사막으로 더 들어가셨다.

   3. 기도하시기 위해 홀로 산에 올라가셨다.

   4. 주무시기 위해 가까운 마을로 들어가셨다.

7 예수님은 그가 물 위로 걸으시는 것을 보고 놀란 제자들에게 어떻게 말씀하셨습니까? (14:27)

   1. "안심하여라! 나이니 두려워하지 말아라."

   2. "두려워하지 말아라. 물 위로 걸어서 내게로 오너라."

   3. "안심하여라! 이 바람은 금방 가라앉을 것이다."

   4. 위의 답 모두

8 베드로는 물 위로 걸어 예수님께 가다가 왜 가라앉기 시작했습니까? (14:30)

   1. 유령을 보았다.

   2. 바람을 보고 두려워졌다.

   3. 제자들이 그에게 소리쳤기 때문이다.

   4. 예수님을 쳐다보지 않았다.

9 게네사렛의 사람들은 예수님이 그 곳에 도착하셨을 때 어떻게 하였습니까? (14:34-35)

   1. 예수님을 알아 보았다.

   2. 주변 국가에 그 소식을 전했다.

   3. 병자들을 예수님께 데려왔다.

   4. 위의 답 모두

10 다음 요절을 완성하세요: "네 짐을 여호와께 맡기라...." (시편 55:22)

   1. "그가 너를 잡으시고, 의인이 부족함을 겪는 것을 영원히 허락하지 아니하시리로다."

   2. "그가 너를 붙드시고, 의인의 요동함을 영원히 허락하지 아니하시리로다."

   3. "그가 너를 구원하시고, 믿음 있는 자가 전쟁에서 지는 것을 영원히 허락하지 아니하시리로다."

   4. "그가 너에게 응답하시고, 너는 그에게 금보다 소중하다."

제 11 공과

마태복음 15:21-28; 16:13-28; 17:1-9

암송 요절

"시몬 베드로가 대답하여 가로되 주는 그리스도시요 살아계신 하나님의 아들이시니이다"
(마태복음 16:16)

성경의 진리

예수님은 그가 하나님의 아들이라고 믿는 자들을 축복하신다.

요점

이번 공과에서는, 예수님은 진정 하나님의 아들이시라는 사실을 배우게 된다.

교사를 위한 도움의 말

교사가 본문의 말씀을 확실히 이해하기 위해 충분한 시간을 갖고 준비한다. 이번 말씀은 어린이들이 이해하기에 어려운 내용이다. 그러나, 이 말씀은 모든 사람들이 예수님의 신성함을 이해하는데 중요한 역할을 한다.

성경 해설

이번 공과는 하나님의 아들로서의 예수님의 정체성에 초점을 둔다. 첫 번째 성경 본문에서, 여인은 예수님을 약속된 메시야를 의미하는 '다윗의 자손이여'라고 부른다. 어떤 사람들은 이 본문을 잘 이해하지 못할 수도 있다. 예수님은 이방인을 개에 비유하여 말씀하시고 유대인을 어린이로 비유하여 말씀하셨다. 이 말씀의 의미는 "유대인에게 먼저 복음을 전하기 전에 이방인에게 전하는 것은 옳지 않다"는 것이다. 비록 그 여인은 이방인이었지만, 예수님에 대한 믿음이 있었다. 그녀는 다른 어떤 유대인들보다 예수님이 어떤 분인지 더 잘 이해했다. 이러한 믿음 때문에, 예수님은 기적을 일으키시며 그녀를 축복하셨다.

두 번째 본문에서는, 예수님은 제자들에게 사람들이 자신을 누구라 하는지 물어보셨다. 많은 사람들은 예수님은 선지자라고 말했다. 그러나, 베드로는 예수님은 메시야이시며, "살아 계신 하나님의 아들"이라고 고백했다. 예수님의 정체성에 대한 이러한 깊은 이해는 베드로에게 축복을 가져다 주었으며 제자들이 예수님의 사역에 대해 자세히 들을 수 있는 준비가 되게 하였다.

마지막으로, 예수님의 변형은 그의 신성함을 증명하는 더 큰 증거가 되고 있다. 예수님의 모습은 변화하셨다. 예수님은 영광을 입으신 상태에 임하셨다.

하나님의 성품

» 예수님은 그리스도이시다.
» 예수님은 하나님의 아들이시다.

신앙의 어휘

고백하는 것은 무엇을 인정하거나 승인하는 것이다. 예를 들면, 여러분은 하나님 앞에서 여러분이 잘못한 것을 인정할 수 있다. 혹은 그리스도는 주님이신 것을 승인할 수 있다.

그리스도’ 의 어원은 그리스어인 ‘크리스토스’로 그 의미는 ‘기름 부음 받은 자’ 이다. 히브리어인 ‘메시야’ 와 같은 의미이다.

인물

‘다윗의 아들’ 은 예수님의 다른 이름이다. 이 이름은 유대인들이 메시야를 부르는 이름이다.

예레미야는 유다 왕국의 사람들에게 하나님께 돌아오라고 경고했던 선지자이다.

엘리야는 이스라엘의 유명한 선지자이다.

장소

빌립보 가이사랴는 갈릴리 바다의 북쪽 헤르몬산 근처에 있던 도시이다.

헤르몬산은 예수님의 변형이 있었던 산으로 여겨지고 있다. 빌립보 가이사랴의 북쪽으로 16킬로 떨어져 있다.

기타의 용어

“**자신을 부인하는 것**” 은 자기 중심적으로 살지 않겠다고 약속하는 것이다.

“**자신의 십자가를 지는 것**” 은 죽음에 이르더라도 예수님을 따르겠다는 강한 결심이다.

변형은 세 명의 제자들이 예수님이 영광 가운데 임하신 것을 본 사건이다. 예수님의 모습은 변하시고 그의 얼굴은 빛이 났셨다. 구름 속에서, 하나님께서 제자들에게 예수님은 그의 아들이라고 말씀해 주셨다.

활동

본 활동을 위해 다음의 준비물을 준비한다.

» 부드러운 공

아이들이 모두 둥그렇게 모여 서게 한다. 선생님은 이렇게 말한다. **“선생님의 이름은 ○○○입니다. 여러분은 선생님을 누구라고 부릅니까?”** 교사는 들고 있던 공을 원 반대 편에 있는 아이에게 던진다. 공을 받은 사람은 선생님이 누구인지 말해야 한다. 예를 들면, 아이의 대답은 “저의 선생님 이십니다.” 일 수 있다. 그리고 아이는 이렇게 말한다. “저는 ○○○입니다. 여러분은 저를 누구라고 부릅니까?” 그 다음 공을 다른 아이에게 던지면 공을 받은 아이는 공을 던진 아이가 누구인지 말한다. 모든 아이들이 이름을 말할 때까지 게임을 계속한다.

이렇게 말한다: 오늘의 본문에서는 “너희는 나를 누구라 하느냐?” 하고 물으시는 예수님의 질문이 나옵니다. 여러분은 제자들이 어떻게 대답하는지 듣게 될 것입니다. 여러분은 예수님을 누구라고 생각합니까?

성경의 가르침

수업을 하기 전에, 마태복음 15:21-28;16:13-28;17:1-9에서 응용한 다음의 이야기를 준비한다.

예수님은 두로와 시돈 지방으로 들어가셨습니다. 거기서 한 가나안 여인이 울면서 소리쳤습니다. “주 다윗의 자손이여, 저를 불쌍히 여겨 주세요. 저의 딸이 귀신에 씌여 고통을 겪고 있습니다.”

예수님은 아무 대답도 하지 않으셨습니다. 그래서 제자들은 예수님께 “그 여인을 보내소서.” 라고 말씀 드렸습니다.

예수님은 “나는 이스라엘의 잃어버린 양을 위해 보내심을 받았을 뿐이다.” 라고 말씀하셨습니다.

그 여인은 예수님께 계속 울면서 부탁하였습니다. 그러자, 예수님은 “너의 믿음이 크구나! 너의 간청을 들어 주겠다.” 라고 말씀하셨습니다.

예수님은 빌립보 가이사랴 지방에 오셨을 때, 그는 제자들에게 물으셨습니다. “사람들이 인자를 누구라 하느냐?”

제자들은 대답했습니다. "세례 요한이라고도 하고, 어떤 이는 엘리야, 또 예레미야라고도 하고, 다른 이들은 선지자 중에 한 명이라고도 합니다."

예수님은 제자들에게 이렇게 물으셨습니다. "너희는 나를 누구라 하느냐?"

시몬 베드로가 대답하였습니다. "주는 그리스도시요, 살아 계신 하나님의 아들이십니다."

예수님은 이렇게 대답하셨습니다. "너에게 복이 있다. 네게 이를 알게 하신 분은 사람이 아니요 하늘에 계신 내 아버지시니라. 너는 베드로라, 내가 이 반석 위에 교회를 세우리라."

예수님은 제자들에게 예수님께서 예루살렘에 입성하시고, 고통을 받으시고, 죽음을 당하시고, 사흘 내에 다시 부활하셔야 하는 사실에 대해 설명하기 시작하셨습니다.

베드로는 "절대로 이런 일이 주님께 일어나서는 안됩니다!" 하고 말했습니다.

예수님이 대답하셨습니다. "너는 하나님의 일을 생각하지 못하고 사람의 일만 생각하고 있다."

그리고 예수님은 제자들에게 말씀하셨습니다. "만약 누군가 나를 따르고자 한다면, 그는 자신을 부인하고 자기의 십자가를 지고 나를 따라야 한다. 만약 사람이 세상을 다 얻어도 자신의 생명을 잃는다면 그에게 좋은 것이 무엇이겠느냐?"

예수님은 베드로, 야고보, 요한을 데리고 산으로 올라 가셨습니다. 그리고 제자들 앞에서 예수님의 형상이 변형되었습니다. 그의 얼굴은 햇빛과 같이 빛이 나고, 그의 옷은 빛처럼 하얗게 되었습니다. 모세와 엘리야가 그들 앞에 나타났습니다. 그들은 예수님과 함께 이야기를 나누었습니다.

베드로는 초막 세 개를 지어, 하나는 예수님께, 하나는 모세에게, 또 다른 하나는 엘리야에게 드리기를 원했습니다. 그러자 빛난 구름이 그들을 덮었습니다. 구름 속에서 음성이 들렸습니다. "이는 내가 사랑하는 아들이요. 내가 기뻐하는 자이다. 너희는 그의 말을 들으라!"

제자들은 얼굴을 땅에 대고 엎드렸으며 두려움에 떨었습니다.

예수님은 인자가 죽은 자 가운데서 다시 부활할 때까지 지금 본 것을 아무에게도 말하지 말라고 당부하셨습니다.

아이들이 다음의 질문에 대답할 수 있도록 도와준다. 맞고 틀린 답은 없다. 이 질문들은 아이들이 이야기를 잘 이해하고 자신들의 삶에 적용할 수 있는데 도움이 될 것이다.

1. 두로와 시돈의 도시는 갈릴리에서 멀리 떨어져 있었습니다. 그 여인이 예수님의 권능에 대해 어떻게 들었을 것이라고 생각합니까?

2. 만약 여러분이 그 여인이었다면, 예수님이 15:24-26에서 처럼 말씀하셨을 때, 어떻게 반응하였겠습니까?

3. 예수님께서 시몬 베드로를 베드로라 부르시고 그 이유를 설명하셨을 때 베드로가 어떻게 느꼈을 것 같습니까?

4. 예수님께서 산에 오르셨을 때 왜 3 명의 제자만을 데려가셨을 거라고 생각합니까?

아이들에게 말한다: 만약 어떤 사람이 여러분에게 여러분의 부모님이 누구신지 물어 보고 여러분이 그들의 자녀라는 것을 믿지 못하겠다고 한다면 어떻게 하겠습니까? 여러분이 정말로 여러분 부모님의 자녀라는 것을 증명하기 위해 어떻게 하겠습니까? 여러분이 부모님과 닮은 신체 부위나 행동을 짚어서 말하겠습니까? 여러분의 엄마나 아빠에게 그 사람에게 여러분이 진실을 말하고 있다고 말해 달라고 부탁하겠습니까?

예수님도 이 모든 일들을 하신 것입니다. 예수님은 많은 사람들을 고치셨고 적은 양의 음식을 수천 명이 먹을 수 있는 만큼 불려 주셨습니다. 예수님은 사람들의 죄를 용서해 주셨고, 제자들은 하나님께서 직접 그는 하나님의 아들이라고 말씀하시는 것을 들었습니다. 하나님께서는 예수님은 그의 아들이므로 우리는 그의 말씀을 들어야 한다고 하셨습니다.

암송 요절

본문의 암송 요절을 연습한다. 몇 가지 제안이 137-138쪽에 나와 있다.

추가 활동

다음 중 아이들의 성경 공부의 효과 상승을 위한 활동을 추가 선택할 수 있다.

1. 예수님께서 산으로 데리고 올라 가신 3명의 제자들에 대해 조사해 본다. 다른 복음서와 사도행전에 나온 베드로와, 야고보, 요한에 대한 이야기들을 조사한다. 각 이야기에서 그들의 역할은 어떤 것인가?

2. 특별 손님을 초대하여 이번 본문의 사건들을 베드로의 관점에서 재조명한 독백을 준비해 달라고 부탁한다. 초대 손님이 베드로인 것처럼 이 독백을 아이들에게 읽어준다. 아이들이 베드로에게 질문할 기회를 준다.

성경 퀴즈 기본 문제

아이들의 성경 퀴즈 준비를 위해, 마태복음 15:21-28; 16:13-28; 17:1-9를 읽어 준다.

1 왜 예수님은 가나안의 여자를 처음부터 도와 주지 않으셨습니까? (15:24)
  1. 그녀는 이스라엘 사람이 아니기 때문이다.
  2. 그녀의 딸을 고쳐주는 것은 예수님에게 너무 어려운 일이기 때문이다.
  3. 그녀에게 충분한 믿음이 없었기 때문이다.

2 예수님은 그 여인의 딸을 왜 고쳐 주었습니까? (15:28)
  1. 그 여인이 예수님께 고쳐 달라고 간청해서
  2. 믿음이 커서
  3. 예수님의 제자 중 한 명의 친구여서

3 예수님께서 빌립보 가이사랴에서 제자들에게 처음 하신 질문은 무엇입니까? (16:13)
  1. "세례 요한은 나에 대해 어떻게 생각하느냐?"
  2. "헤롯은 왜 나를 좋아하지 않으냐?"
  3. "사람들이 인자를 누구라 하느냐?"

4 사람들은 예수님을 누구라고 생각하였습니까? (16:14)
  1. 세례 요한
  2. 엘리야나 예레미야
  3. 위의 답 모두

5 베드로는 예수님께서 "너는 나를 누구라 하느냐?" 라는 질문에 어떻게 대답하였습니까? (16:15-16)
  1. "주는 그리스도시요, 살아 계신 하나님의 아들이십니다."
  2. "주는 위대한 스승이시고 선지자이십니다."
  3. 위의 답 모두

6 예수님께서 베드로에게 "너는 나를 누구라 하느냐?" 라는 질문에 대한 답을 알게 하신 이는 누구라고 하셨습니까? (16:15-17)
  1. 다른 제자들
  2. 그의 장모
  3. 하늘에 계신 아버지

7 예수님은 제자들에게 그를 따르려고 하는 이들은 무엇을 해야 한다고 말씀하셨습니까? (16:24)
  1. "다른 나라로 가야 한다."
  2. "스승이 되어야 한다."
  3. "자신을 부인하고 자신의 십자가를 지어야 한다."

8 예수님의 형상이 변형되었을 때, 산 위에서 어떤 일이 일어났습니까? (17:2-3)
  1. 예수님의 얼굴이 햇빛처럼 빛이 났다.
  2. 모세와 엘리야가 나타났다.
  3. 위의 답 모두

9 베드로는 예수님, 엘리야, 모세를 위해 무엇을 하기 원했습니까? (17:4)
  1. 야고보, 요한, 그리고 자신을 위해 3개의 초막을 짓기 원했다.
  2. 그 세 분을 위해 3개의 초막을 짓기 원했다.
  3. 그 세 분을 위해 1개의 초막을 짓기 원했다.

10 예수님은 베드로, 야고보, 요한이 구름 속에서 들려온 목소리를 들은 후에 그들에게 어떻게 말씀하셨습니까? (17:6-7,9)
  1. "일어 나라... 두려워 하지 말아라."
  2. "지금 본 것을 아무에게도 말하지 말아라."
  3. 위의 답 모두

성경 퀴즈 고급 문제

아이들의 성경 퀴즈 준비를 위해 마태복음 15:21-28; 16:13-28; 17:1-9을 읽어준다.

1 왜 가나안 여인은 예수님께 울부짖었습니까? (15:22)

   1. 먹을 것이 없어 배가 고팠다.

   2. 자신의 딸이 귀신에 씌여 고생을 하고 있었다.

   3. 예수님으로부터 특별한 축복을 받기 원했다.

   4. 위의 답 모두

2 빌립보 가이사랴 지방에 도착했을 때, 예수님은 제자들에게 어떻게 물으셨습니까? (16:13)

   1. "무슨 일이 일어나더라도 나를 따라 오겠느냐?"

   2. "사람들이 인자를 누구라 하더냐?"

   3. "인자는 언제 나타날 것이냐?"

   4. "메시야는 누구이냐?"

3 베드로는 예수님께서 "너는 나를 누구라 하느냐?" 라고 물으실 때 어떻게 답했습니까?" (16:15-16)

   1. "주는 그리스도시요, 살아 계신 하나님의 아들이십니다."

   2. "주는 위대한 선지자이십니다."

   3. "주는 엘리야이십니다."

   4. "주는 요셉과 마리아의 아들이십니다."

4 제자들이 예수님이 그리스도이심을 고백한 후, 예수님은 자신에게 무슨 일이 일어날 것이라고 하셨습니까? (16:21)

   1. 예루살렘에 가서 많은 고통을 겪을 것이다.

   2. 죽임을 당할 것이다.

   3. 돌아가신 후, 사흘 만에 다시 살아나실 것이다.

   4. 위의 답 모두

5 예수님은 베드로가 왜 넘어지게 하는 자라고 하셨습니까? (16:23)

   1. 베드로는 겁장이었다.

   2. 베드로는 하나님의 일을 생각하는 것이 아니고 사람의 일을 생각하였다.

   3. 베드로는 언제나 처음이기를 원했다.

   4. 베드로는 예수님의 가르침을 따른 적이 없다.

6 예수님을 위해 목숨을 잃는 자에게는 어떤 일이 일어납니까? (16:25)

   1. 권능을 받을 것이다.

   2. 유명해질 것이다.

   3. 죽게 될 것이다.

   4. 생명을 찾게 될 것이다.

7 예수님이 베드로, 야고보, 요한을 데리고 높은 산으로 올라가셨을 때 어떤 일이 일어났습니까? (17:1-2)

   1. "제자들 앞에서 예수님의 형상이 변화하셨다."

   2. "그의 얼굴이 햇빛처럼 빛이 났다."

   3. "그의 옷이 빛처럼 하얗게 되었다."

   4. 위의 답 모두

8 그의 형상이 변화하셨을 때, 누가 나타났습니까? (17:3)

   1. 아브라함과 사라

   2. 기드온과 드보라

   3. 모세와 엘리야

   4. 여호수아와 이사야

9 베드로가 세 개의 초막을 짓겠다고 했을 때 어떤 일이 일어났습니까? (17:4-5)

   1. 구름 속에서 목소리가 들렸다. "이는 내 사랑하는 아들이요 내가 기뻐하는 자이다. 너희는 그의 말을 들어라!"

   2. 야고보와 요한은 초막을 짓기 시작했다.

   3. 베드로는 엘리야와 모세를 만났다.

   4. 모세와 엘리야는 사라졌다.

10 다음 요절을 완성하세요: "시몬 베드로가 대답하여 가로되, '주는 그리스도시요...'" (마 16:16)

   1. "내 구세주요 친구이시니이다."

   2. "살아 계신 하나님의 아들이시니이다."

   3. "우리의 스승이요 선지자이시니이다."

   4. "우리를 이끌어 주시는 분이시니이다."

제 12 공과

마태복음 18:10-14, 21-35; 19:13-30

암송 요절

"예수께서 이르시되 어린 아이들을 용납하고 내게 오는 것을 금하지 말라 천국이 이런 사람의 것이니라" (마태복음 19:14)

성경의 진리

예수님은 사람들을 용서하시고 그들을 위한 관심을 보이신다. 우리도 그와 같이 해야 한다.

요점

이번 공과는 예수님이 우리에게 관심이 있으신 것처럼 우리도 사람들에게 관심을 가져야 한다는 가르침을 준다.

교사를 위한 도움의 말

이번 공과를 가르칠 때에, 우리는 우리의 삶을 하나님께 온전히 드려야 한다는 것을 설명한다. 우리의 보물은 이 땅이 아닌 하늘 나라에 있다.

성경의 배경

이번 공과에서, 우리는 예수님이 사람들에게 갖고 계신 관심에 대해 배우게 된다. 첫 번째 본문에서, 예수님은 99마리의 양을 남기고 잃어버린 한 마리의 양을 찾으시는 비유를 들려주셨다. 이 이야기의 "어린 것들" 은 하나님을 믿는 믿음에서 방황하는 신자들을 의미한다. 하나님은 잃어버린 자들을 찾기 위해 모든 노력을 다하신다. 믿는 자들은 이와 같은 관심을 가져야하며 하나님에 대한 믿음으로 돌아온 자들을 위해 기뻐해야 한다.

다음 본문에서는, 예수님과 베드로가 용서에 대해 토론을 나눈다. 유대인들은 다른 사람을 세 번 용서해 주는 것이 충분하다고 믿었다. 유대인인 베드로는 다른 사람을 일곱 번 용서하는 것이 충분하다고 여겼다. 베드로는 예수님께서 일곱 번을 일흔 번까지 용서해야 한다고 말씀하셨을 때 무척 놀랐을 것이다. 예수님은 그가 우리를 용서하신 것처럼 제자들도 다른 사람들을 용서하는 것이 얼마나 중요한지를 가르쳐 주셨다.

세 번째와 네 번째 본문은 사회적 신분이 완전히 다른 사람들에 대해 말씀하신다. 어린이들은 사회적인 신분이 낮았다. 예수님은 제자들이 어린이들을 소중히 여기고 영적인 문제에 있어서 어린이들과 같은 믿음을 갖기를 원하셨다.

부자는 그의 부로 인해 사회적으로 높은 지위를 가졌다. 그러나, 그는 가장 중요한 축복을 갖지 못했다. 그것은 바로 영원한 생명인 것이다.

우리의 사회적인 지위는 예수님에게 아무 의미가 없다. 우리가 꼭 가져야 하는 것은 예수님과 같은 마음이다.

하나님의 성품

» 하나님은 그를 따르지 않는 자들을 찾으신다.

» 하나님은 우리의 죄를 용서하시고, 우리도 다른 사람들의 죄를 용서하기를 원하신다.

신앙의 어휘

영원한 생명은 하나님께서 예수님을 구주로 믿는 이들에게 주시는 특별한 종류의 생명이다. 예수님을 믿는 자들은 하늘 나라에서 영원한 생명을 누릴 수 있다.

기타 어휘

1 달란트는 화폐의 가치로, 34 킬로 정도의 금속으로 은으로 추측된다.

1 데나리온은 당시 하루 일당 정도의 가치를 가진 동전이었다.

꾸짖는 것은 어떤 사람에게 어떤 행동을 하지 말라고 호되게 말하는 것이다.

금하는 것은 길을 막는 것이다.

활동

이번 활동을 위해 다음의 준비물이 필요하다:
» 색인 카드 몇 장 또는 종이 몇 장
» 장난감 양이나 종이 양

수업을 하기 전에, 학생들이 잃어버린 양을 찾기 위한 몇 가지 힌트를 만들어 낸다. 첫 번째 힌트가 다음 힌트가 될 수 있는 내용들을 종이에 한 가지씩 적는다. 가능하다면 힌트를 적은 종이들을 교실 밖에 숨겨 놓는다. 첫 번째 힌트를 교실 안으로 가지고 들어간다.

학생들에게 말한다: **여러분은 잃어버린 양에 대한 예수님의 비유를 듣게 될 것입니다. 우리도 오늘 잃어버린 양을 찾을 것입니다. 여기 우리를 도와 줄 첫 번째 힌트가 있습니다.**

반 전체가 힌트를 따라 찾아 나간다. 아이들이 힌트를 풀어 보게 한다. 하지만 아이들에게 답을 이야기

해 주지 않는다. 양을 찾으면 다시 교실로 돌아온다.

이렇게 말한다: **오늘 우리는 잃어버린 양을 찾았습니다. 자, 이제 잃어버린 양을 찾은 주인의 비유를 들어 봅시다.**

성경의 가르침

수업을 시작하기 전에, 마태복음 18:10-14, 21-35; 19:13-30에서 응용한 다음의 이야기를 준비한다.

예수님은 그의 말씀을 들으러 온 사람들에게 여러 가지 비유의 말씀을 들려 주셨습니다.

예수님은 "이 어린이들을 업신여기지 말아라. 아이들의 천사들이 하늘 나라에서 하나님의 얼굴을 뵙고 있다." 라고 말씀하셨습니다.

예수님은 양치기와 양에 대한 비유를 말씀해주셨습니다. "양을 백 마리 가진 자가 있었는데 그 중에 한 마리가 길을 잃었다. 그는 99 마리의 양을 남겨 놓은채, 그 잃어버린 1 마리의 양을 찾아다녔다. 그가 양을 찾았을 때 잃어버리지 않았던 99 마리의 양보다 잃어버렸다 찾은 1 마리의 양으로 더 기뻐하였다. 이와 마찬가지로, 하나님은 어느 누구도 죄에 빠져 잃어 버리기를 원치 않으신다."

예수님은 베드로에게 용서에 대해 말씀해 주셨습니다. 베드로는 예수님께 여쭈었습니다. "주님, 형제가 저에게 죄를 지었을 때 몇 번을 용서해 주어야 합니까? 일곱 번이면 충분합니까?"

예수님은 대답하셨습니다. "일곱 번이 아니고 일곱 번을 일흔 번까지 용서해야 한다."

그리고 나서 예수님은 용서에 대한 비유의 말씀을 해주셨습니다. "하늘 나라는 왕과 같다. 이 왕은 사람들이 그에게 꾼 돈을 받기 원했다. 그는 그에게 만 달란트를 꾼 자를 자신의 종으로 고용했다. 그 종은 자신이 꾼 돈을 갚을 능력이 없었다. 왕은 그 종이 빚을 다 갚을 때까지 그의 가족들이 감옥에서 살아야 한다는 명령을 내렸다. 종은 무릎을 꿇고 왕에게 간청했다. '좀 참

아 주십시오. 제가 빚을 다 갚겠습니다.' 왕은 그 종이 불쌍히 여겨져서 빚을 탕감하여 주고 풀어 주었다."

"그 첫 번째 종은 그에게 백 데나리온의 빚을 진 동료를 만났다. 그러자 그 동료를 붙들어 목을 잡으며 이렇게 말했다. '네가 나에게 꾼 돈을 갚아라!'"

"그러자 빚진 동료는 '좀 참아 주십시오. 제가 빚을 다 갚겠습니다.' 하지만, 꾸어준 종은 거절했다. 그는 그 동료를 감옥에 넣었다. 다른 동료들이 그것을 보고 주인에게 알렸다."

"주인은 그 첫 번째 종을 데려오라고 했다. 그리고 이렇게 말했다. '이 악한 종아! 내가 너의 빚을 탕감하여 주었었다. 너도 너의 동료에게 자비를 베풀었어야 했다.' 주인은 화가 나서 이 악한 종을 감옥에 다시 넣었다. 그 종은 그가 그 빚을 다 갚을 때까지 고문을 받았다. 이것이 너희가 너희에게 잘못한 자들을 용서하지 않으면 하나님께서 너희에게 행하실 일이다."

어떤 사람들이 예수님께 어린이들을 데려왔습니다. 그래서 예수님은 이들을 위해 기도해 주셨습니다. 제자들은 아이들을 데려온 자들을 꾸짖었습니다. 그러나, 예수님은 "어린이들이 내게로 오게 하여라. 하늘나라는 이와 같은 자들의 것이니라."라고 말씀하셨습니다.

어떤 사람들이 예수님께 와서 이렇게 물었습니다. "제가 영원한 생명을 얻으려면 어떻게 하면 됩니까?"

예수님은 이렇게 대답하셨습니다. "영원한 생명을 얻기 원한다면, 계명들을 지켜야 한다."

그러자 그는 "저는 언제나 계명들을 지키고 삽니다. 그 외에 또 어떤 일을 해야 합니까?" 라고 물었습니다.

예수님은 대답하셨습니다. "네가 갖고 있는 모든 것을 팔아서 가난한 사람들에게 나누어 주어라. 그러면 하늘에서 받을 상급이 있다." 그러자 이 젊은이는 가버렸습니다. 그는 재산이 아주 많으므로 근심에 빠졌습

니다.

예수님은 이렇게 말씀하셨습니다. "부자가 하늘나라에 가는 것은 어려운 일이다."

그러자 제자들은 물었습니다. "그것이 사실이라면, 구원 받을 자는 누구입니까?"

예수님은 이렇게 대답하셨습니다. "사람의 힘으로는 불가능하나, 하나님에게는 모든 일이 가능하다."

베드로는 물었습니다. "우리는 예수님을 따르려고 모든 것을 버렸습니다. 우리가 무엇을 받을 수 있겠습니까?"

예수님은 이렇게 대답하셨습니다. "누구든지 가족과 집을 버리고 나를 따른 자는 백 배보다 많은 상을 받게 될 것이다. 그는 영생을 얻을 것이다. 먼저 된 자들은 나중되고, 나중된 자들은 처음이 될 것이다."

아이들이 다음의 질문에 대답할 수 있도록 도와준다. 맞고 틀린 답은 없다. 이 질문들은 어린이들이 이야기를 잘 이해하고 자신들의 삶에 적용할 수 있는데 도움이 될 것이다.

1. 여러분은 소중한 물건을 잃어버린 적이 있습니까? 잃어버린 것을 찾기 위해 어떻게 했습니까? 그것을 찾았을 때 기분이 어떠했습니까? 양치기는 잃어버렸던 양을 왜 그렇게 소중히 여겼습니까?

2. 왕이 그의 빚을 탕감해 주었을 때 사악한 종의 기분은 어땠습니까? 사악한 종이 한 행동을 보고 왕은 어떤 기분이 들었습니까? 여러분이 잘못한 것에 대해 누군가가 용서해 준 적이 있습니까?

3. 부자 청년은 그가 가진 모든 재산을 포기하고 싶지 않았기 때문에 근심에 빠졌습니다. 사람들이 하나님을 위해 포기하는 것이 어렵다고 느끼는 것에는 어떤 것들이 있습니까?

이렇게 말한다: 여러분은 누가 첫 번째가 되고 누가

두 번째가 될 지를 놓고 친구와 싸운 적이 있습니까? 우리는 너무나 자주 우리의 필요에만 초점을 맞출 때가 많습니다. 예수님은 제자들이 막고 오지 못하게 한 어린이들을 자신의 곁으로 부르셨습니다. 예수님은 모든 사람들을 위한 사랑의 마음을 갖고 계시고 용서를 베풀어 주십니다. 여러분도 다른 사람들을 사랑하고 용서할 수 있습니까?

암송 요절

본문의 암송 요절을 연습한다. 몇 가지 제안이 137-138쪽에 나와 있다.

추가 활동

어린이들의 성경 공부 효과 증진을 위해 다음의 활동 중 추가 선택할 수 있다

1. 반 전체가 잃어버린 양에 대한 비유를 연극으로 꾸며 본다. 양떼가 될 아이들을 선정하고, 한 명은 잃어버린 양을 맡는다. 잃어버린 양은 숨고, 양치기는 그 양을 찾는다.

2. 예수님은 부자 청년에게 그가 가진 것을 모두 팔아서 가난한 사람들에게 나누어 주고 예수님을 따르라고 말씀하셨다. 반 전체가 하나님과의 관계를 방해할 수 있는 사람들의 소유물에는 어떤 것들이 있는지 목록을 적어본다.

성경 퀴즈 기본 문제

아이들의 성경 퀴즈 준비를 위해 마태복음18:10-14,21-35; 19:13-30을 읽어 준다

1 예수님의 비유에 따르면, 양치기는 몇 마리의 양을 소유하고 있었습니까? (18:12)

   1. 100마리

   2. 500마리

   3. 1000마리

2 양치기가 양 한 마리를 잃어버린 것을 알고 어떻게 했습니까? (18:12)

   1. 잃어버린 양에 대해 잊어버렸다.

   2. 잃어버린 양을 찾아다녔다.

   3. 사람을 보내어 그 양을 찾게 하였다.

3 베드로가 예수님께 여쭈었던 용서에 대한 질문은 무엇입니까? (18:21)

   1. "꼭 용서를 해야 합니까?"

   2. "용서가 필요한 자는 누구입니까?"

   3. "몇 번을 용서해 주어야 합니까?"

4 첫 번째 종은 왕에게 얼마를 꾸었습니까? (18:23-24)

   1. 만 달란트

   2. 천 달란트

   3. 십 달란트

5 종이 왕에게 좀 참아 달라고 청했을 때, 왕은 어떻게 했습니까? (18:26-27)

   1. 왕은 그 종을 불쌍히 여겼다.

   2. 왕은 그의 빚을 탕감하여 주었고 종을 보내주었다.

   3. 위의 답 모두

6 첫 번째 종은 자신의 돈을 꾼 동료 종에게 어떻게 하였습니까? (18:30)

   1. 돈을 갚으라고 종용했다.

   2. 종을 용서해 주었다.

   3. 위의 답 모두

7 왕이 그냥 보내준 종이 다른 동료에게 한 짓을 듣고 왕은 어떻게 하였습니까? (18:32-34)

   1. 그냥 보내 주었다.

   2. 사악한 종이라고 부르고, 다시 감옥에 넣었다.

   3. 그가 옳은 일을 하였다고 말하였다.

8 예수님은 어린이들에 대하여 무엇이라고 제자들에게 말씀하셨습니까? (19:13-15)

   1. "어린이들이 내게로 오게 하여라."

   2. "어린이들에게 손을 얹고 그들을 위해 기도해 주셨다 "

   3. 위의 답 모두

9 예수님은 "영생을 얻기 위하여 어떤 선행을 해야 합니까?" 라고 물은 청년에게 어떻게 대답하셨습니까? (19:17)

   1. "계명을 지켜라."

   2. "말씀을 공부해라."

   3. "매 주 회당에 가라."

10 "사람에게는 불가능한 일이나 하나님께는 모든 것이 가능하다." 라고 말씀하신 분은 누구입니까? (19:26)

   1. 베드로

   2. 예수님

   3. 부자 청년

성경 퀴즈 고급 문제

아이들의 성경 퀴즈 준비를 위해 마태 복음 18:10-14, 21-35; 19:13-30를 읽어 준다.

1 하늘에 계신 아버지의 얼굴을 늘 뵙는 사람들은 누구입니까? (18:10)

  1. 어린이들의 천사들

  2. 아무도 없다.

  3. 다른 사람들을 용서하는 자들

  4. 모든 사람들

2 예수님께서 잃어버린 양에 대한 비유의 의미는 무엇이라고 하셨습니까? (18:14)

  1. "길을 잃은 것은 너의 잘못이다."

  2. "숲 속에서는 길을 잃기가 쉽다."

  3. "이 중 작은 자라도 길을 잃어버리는 것은 하늘에 계신 아버지의 뜻이 아니시다."

  4. "무리와 함께 있어라. 길을 잃지 말아라."

3 예수님은 몇 번을 용서하라고 말씀하셨습니까? (18:22)

  1. 3 번

  2. 7 번

  3. 7 번을 70 번까지

  4. 700 번

4 첫 번째 종은 왕이 그가 꾼 빚을 갚으라고 할 때 어떻게 했습니까? (18:25-26)

  1. 자기 동료에게 꾼 빚을 갚았다.

  2. 도망갔다.

  3. 왕에게 빚을 갚았다.

  4. 좀 참아 달라고 간청했다.

5 동료 종은 첫 번째 종에게 얼마를 꾸었습니까? (18:28)

  1. 100 데나리온

  2. 1000 데나리온

  3. 1000 달란트

  4. 10,000 달란트

6 첫 번째 종이 동료 종에게 한 행동을 보고 다른 동료들은 어떻게 했습니까? (18:31)

  1. 첫 번째 종에게 그가 한 일이 옳다고 말했다.

  2. 왕에게 무슨 일이 있었는지 알렸다.

  3. 아무 행동도 하지 않았다.

  4. 그 종을 위해 돈을 모았다.

7 제자들이 아이들을 데려온 자들을 꾸짖었을 때 예수님은 어떻게 말씀하셨습니까? (19:13-14)

  1. "어린이들을 내게 오게 하여라."

  2. "그들이 내게 오는 것을 금하지 말아라."

  3. "하늘 나라는 이런 자들의 것이니라."

  4. 위의 답 모두

8 어린이들이 예수님께 왔을 때 그는 어떻게 하셨습니까? (19:13-15)

  1. 각 가정을 축복하셨다.

  2. 아이들 위에 손을 얹고 기도해 주셨다.

  3. 세례를 주셨다.

  4. 돌려 보내셨다.

9 부자 청년은 예수님께서 그에게 영생을 얻기 위해 무엇을 해야 하는지 말씀해 주셨을 때 어떻게 했습니까? (19:22)

  1. 예수님의 제자가 되었다.

  2. 그는 재산이 아주 많았기 때문에 근심에 빠졌다.

  3. 그의 재산을 모두 팔아 가난한 사람들에게 나누어 주었다.

  4. 하나님께서는 왜 그렇게 많은 계명을 주셨는지 질문했다.

10 다음 요절을 완성하세요: "예수께서 이르시되 어린 아이들을 용납하고…" (19:14)

  1. "내게 오는 것을 금하지 말라. 천국이 이런 사람의 것이니라."

  2. "호되게 혼내 주어라."

  3. "나에게서 도망가게 하여라."

  4. "마음대로 다니게 하여라."

제 13 공과

마태복음 21:1-17; 22:34-40

암송 요절

"예수께서 이르시되 네 마음을 다하고 목숨을 다하고 뜻을 다하여 주 너의 하나님을 사랑하라 하셨으니 이것이 크고 첫째 되는 계명이요 둘째도 그와 같으니 네 이웃을 네 자신 같이 사랑하라" (마태복음 22:37-39)

성경의 진리

우리의 구세주이고 왕이신 예수님은 우리의 찬양과 순종과 사랑을 받으시기에 합당한 분이시다.

요점

이번 공과에서, 예수님께서 주신 가장 큰 계명은 우리 주 하나님을 온전히 사랑하라는 것이고 두 번째 큰 계명은 우리의 이웃을 우리의 몸과 같이 사랑하라는 것임을 배우게 될 것이다.

교사를 위한 도움의 말

제 2 공과에 나온 바리새인과 사두개인의 뜻을 찾아본다.

성경 해설

예수님께서 나귀를 타고 예루살렘에 입성하셨을 때, 사람들은 이 행동을 그 분이야말로 그들이 기다리던 왕이라는 징조로 받아들였다. 나귀를 타고 예루살렘으로 들어가는 일은 구약 시대의 왕들이 행하던 의례이다. 이 일로 인해, 사람들은 예수님을 "다윗의 아들"이라고 불렀다. 그 이름은 메시야의 다른 이름이기도 했다. 그들이 예수님을 왕이라고 부른 것은 옳은 일이었다. 그러나, 그들은 예수님이 이 땅 위에서의 왕이기를 바랬다. 그 분이 그들의 정치적인 적수들을 패배시킬 수 있을 것이라고 생각했다. 그가 그들의 죄로 인해 십자가에 못 박히실 것을 알지 못했다.

예수님이 성전에 들어가셨을 때, 사람들이 예배드리는 장소를 시장터로 만들어 놓은 것을 보고 화가 많이 나셨다. 그들은 제사에 바칠 가축들을 팔았고 헌금을 내기 위해 환전을 하였다. 이러한 가게들과 장사는 꼭 필요한 일이기는 했다. 그러나, 그들이 위치한 장소와 부정직한 상거래 행위는 성전과 그 곳에서 예배를 드리는 사람들을 무시하는 행동이었다. 예수님이 이 상인들을 몰아내셨을 때, 사람들은 그에게 권능이 있다고 느꼈다. 그리고 대제사장들은 이 행동이 그들의 권위에 도전하는 것이라고 생각했다.

성경의 시대에는, 사람들이 어떤 계명이 더 중요한지 종교적인 토론을 벌이는 일이 흔히 있는 일이었다. 예수님께서는 가장 중요한 계명은 온 마음을 다하여 하나님을 사랑하는 것이라고 말씀하셨다. 두 번째 큰 계명은 하나님의 사랑에서 넘쳐 나오는 사랑으로 이웃을 사랑하는 일이다.

하나님의 성품

» 예수님은 우리의 찬양을 받으시기에 합당하신 분이다.

» 하나님은 우리가 하나님과 이웃들을 사랑하기 원하신다.

장소

감람산은 예루살렘의 동쪽에 위치한 823 미터 높이의 산이다. 산 정상에서 예루살렘과 성전의 아름다운 장관을 볼 수 있다.

성전은 신 또는 신들을 숭배하기 위해 지은 건물이다. 예루살렘 성전은 유대인들이 하나님께 예배드리기 위해 지은 것이다.

베다니는 예루살렘 동쪽으로 3.3 킬로 정도 떨어진 마을로 감람산과 가까웠다.

기타 어휘

겉옷은 겉에 헐렁하게 걸치는 옷이다.

활동

본 활동을 위해 다음의 준비물이 필요하다.

» 큰 종이 한 장
» 싸인펜 몇 자루

수업을 시작하기 전에, 큰 종이 위에 "호산나" 라고 적는다.

수업 중에 "호산나" 라고 쓴 종이를 가리키며 이렇게 말한다: **오늘 우리는 사람들이 예수님께 "호산나" 라고 소리치던 때에 대해 배울 것입니다. "호산나" 를 무슨 뜻으로 생각합니까?** (그뜻은 "구하라!" 이며 찬양의 표현이기도 했다.) **우리가 예수님을 찬양한다는 것을 표현할 수 있는 다른 방법에는 어떤 것들이 있겠습니까?**

"호산나" 라고 쓴 큰 글자 주변에 아이들이 그림을 그리거나 글을 써 넣게 한다. 어린이들이 예수님을 찬양할 수 있는 여러 가지 방법에 대해 그림이나 글로 쓰게 한다. 교실 벽에 종이를 붙여 놓는다.

성경의 가르침

수업 전, 마태복음 21:1-7;22-34-40에서 응용한 다음의 이야기를 준비한다.

예수님과 제자들이 예루살렘으로 오시는 길에, 감람산 위의 벳바게에 도착하셨습니다. 예수님은 두 제자를 먼저 보내셨습니다.

예수님은 제자들을 보내시면서 당부하셨습니다. "먼저 마을로 들어가면, 묶여있는 나귀와 나귀 새끼를 발견할 것이다. 그 나귀들을 풀어 내게로 가져 오너라. 누가 뭐라 하면 주님이 쓰실 거라고 말하여라." 이 모든 것은 "보라, 너희 왕이 겸손하여 나귀를 타고 온다." 라는 선지자의 말씀을 이루는 것이었습니다.

제자들은 나귀와 나귀새끼를 가져 왔습니다. 그리고 그 위에 겉옷을 벗어 깔았고 예수님은 그 위에 앉으셨습니다. 아주 많은 사람들이 길 위에 겉옷들을 펼쳐 놓았고 또 어떤 사람들은 나뭇가지를 꺾어 길 위에 펼쳐 놓았습니다.

사람들은 이렇게 외쳤습니다. "호산나, 다윗의 아들이여!" "찬송할지어다, 주님의 이름으로 오시는 이여!" "지극히 높은 곳에서 호산나!"

예수님이 예루살렘에 들어가셨을 때, 온 성 안의 사람들이 "이 사람은 누구인가?" 라고 물었습니다.

사람들은 대답하기를 "이 분은 갈릴리 나사렛에서 오신 선지자 예수님이십니다." 라고 대답하였습니다.

그리고 예수님은 성전으로 들어가셨습니다. 그는 물건을 사고 파는 사람들을 모두 쫓아내셨습니다. 그는 돈 바꾸는 상인들의 상과 비둘기 파는 상인들의 의자를 뒤엎으셨습니다. 그리고 "내 집은 기도하는 집으로 불릴 것이라 하였는데 너희이 강도의 소굴로 만들고 있다!" 라고 말씀하셨습니다.

예수님은 그를 보러 성전으로 온 장님들과 절름발이들을 고쳐 주셨습니다. 대제사장과 율법 선생들은 예수님이 일으키시는 놀라운 일들을 모두 보았습니다. 그들은 아이들이 "호산나, 다윗의 아들이여" 라고 외치는 소리를 듣고 화가 났습니다.

"이 어린이들이 하는 이야기를 들었소?" 그들은 예수님께 질문했습니다.

예수님은 대답하셨습니다. "그렇다. '어린이와 갓난 아기들의 입에서 나오는 찬미를 온전하게 하셨다' 하는 말씀을 읽어 보지 못했느냐?"

그리고 예수님은 자리를 떠나, 베다니로 가셨습니다.

바리새인들은 예수님을 시험하였습니다. 율법 전문자가 그에게 물었습니다. "선생님, 율법 중에 가장 큰 계명은 무엇입니까?"

예수님이 이렇게 대답하셨습니다. "온 마음을 다하고 목숨을 다하고 뜻을 다하여 주 너의 하나님을 사랑하여라. 이것이 첫 째이고 가장 큰 계명이다. 그리고 두 번째는 네 이웃을 네 몸과 같이 사랑하라. 이 두 계명이 모든 율법과 선지자가 고수했던 것들이다."

어린이들이 다음의 질문에 대답할 수 있도록 도와준다. 맞고 틀린 답은 없다. 이 질문들은 어린들이 이야기를 잘 이해하고 자신들의 삶에 적용할 수 있는데 도움이 될 것이다.

1. 예수님은 왜 제자들에게 그가 타실 나귀와 나귀 새끼를 다른 마을에서 가져오라고 하셨습니까?
2. 사람들은 예수님을 어떻게 찬양했습니까? 여러분은 예수님을 어떻게 찬양하겠습니까?
3. 돈 바꾸는 사람들의 어떤 행동을 예수님은 싫어하셨습니까?
4. 여러분은 바리새인들은 가장 큰 계명이 무엇인지 알고 있었다고 생각합니까? 만약 알고 있었다면, 왜 예수님께 여쭤봤습니까?
5. 마태복음 22:37-39에 나온 예수님이 주신 가장 큰 두 계명은 무엇입니까? 여러분이 이 두 계명을 지키는 것은 왜 중요합니까?

아이들에게 말한다: 예수님은 유대인들이 왕중의 왕에게 기대했던 방법으로 행동하지 않으셨습니다. 그는 나귀를 타고 시내로 들어오셨습니다. 남자, 여자, 아이들은 모두 그를 찬송했습니다. 예수님의 등장은 웅장하지도 영광스럽지도 않았지만 그는 하나님의 권능을 갖고 계셨습니다. 예수님은 온전히 하나님을 사랑하는 법을 우리에게 보여주셨습니다. 그는 이웃을 우리 몸처럼 사랑하는 방법도 보여주셨습니다. 우리는 그의 본을 따라야 합니다. 우리는 하나님을 사랑하고, 그에게 순종하고, 예배드려야 합니다.

암송 요절

본문의 암송 요절을 연습한다. 몇 가지 제안이 137-138쪽에 나와 있다.

추가 활동

어린이의 효과적인 성경 공부를 위해 다음 중 선택 추가할 수 있다.

1. 성경의 시대에는, 왕들은 전쟁에서 이긴 후 도시에 승전가를 부르며 당당히 입성하였습니다. 이러한 승리의 입성에서는 어떤 일들이 일어났는지 조사해 봅시다. 예수님의 승리의 입성과 비교 대조하여 봅시다. 사람들이 겉옷과 나뭇가지를 길 위에 펼친 행동은 무엇을 상징합니까?
2. 예수님께서 여러분이 살고 있는 동네에 나귀를 타고 들어오신다고 상상해 보세요. 사람들이 그에 대해 어떻게 말할 거라고 생각합니까? 여러분의 동네는 어떤 방법으로 그를 환영할까요? 여러분은 어떤 찬송을 드리겠습니까? 만약 그가 여러분의 마을에 오신다면 어떤 길로 들어오실지 지도로 그려봅시다. 그의 도착을 환영하는 현수막을 만들어 봅시다. 그리고 하나님께서 우리에게 예수님을 구세주로 보내주신 것에 감사합시다.

성경 퀴즈 기본 문제

아이들의 성경 퀴즈 준비를 위해 마태복음 21:1-17; 22:34-40를 읽어 준다.

1 예수님은 두 제자에게 벳바게에 들어가면 무엇을 하라고 시키셨습니까? (21:1-2)
1. **"마을로 가서, 나귀와 나귀 새끼를 찾아서 데리고 오너라."**
2. "가서 우리가 하룻밤 지낼 곳을 찾아 보아라."
3. "먼저 가서 헤롯이 우리를 잡으러 올 것인지 살펴보아라."

2 예수님은 누가 나귀와 나귀새끼를 가져가는 것에 대해 무엇이라고 하면 제자들은 어떻게 얘기해야 한다고 하셨습니까? (21:3)
1. "이것들은 우리의 가축이다."
2. **"주님이 필요로 하신다."**
3. "나귀를 가져가도 될까요?"

3 구약의 선지자는 제자들, 나귀, 나귀새끼에 대해 어떻게 말씀하셨습니까? (21:2-5)
1. "보라, 너희 왕이 오신다."
2. "그는 겸손하여 나귀를 타고 오신다."
3. **위의 답 모두**

4 사람들은 예수님이 나귀를 타고 예루살렘에 들어오실 때 어떻게 하였습니까? (21:8-9)
1. 겉옷과 나뭇가지를 길 위에 펼쳐 놓았다.
2. 그들은 "호산나, 다윗의 아들이여!" 라고 외쳤다.
3. **위의 답 모두**

5 사람들은 성전 안에서 무엇을 팔았습니까? (21:12)
1. **비둘기**
2. 향료
3. 말씀이 적힌 두루마리 책

6 예수님은 예루살렘에 들어가신 후 성전 안에서 무엇을 하셨습니까? (21:12)
1. 물건을 사고 파는 자들을 내쫓으셨다.
2. 돈 바꾸는 상인들의 상을 엎으셨다.
3. **위의 답 모두**

7 예수님은 사람들이 기도하는 집을 어떻게 만들었다고 하셨습니까? (21:13)
1. **강도들의 소굴**
2. 예배하는 장소
3. 시장

8 예수님은 성전 안에서 물건을 사고 파는 사람들을 쫓은 후에 무엇을 하셨습니까? (21:12,14)
1. 제단에 드릴 헌금을 걷었다.
2. **그를 찾아온 이들을 고쳐주셨다.**
3. 나사렛으로 가셨다.

9 가장 큰 계명은 무엇이냐고 예수님을 시험한 사람은 누구입니까? (22:35-36)
1. 제자 중 한 사람
2. **율법사**
3. 헤롯왕

10 예수님은 두 번째 큰 계명은 무엇이라고 하셨습니까? (22:39)
1. "하나님의 이름을 망령되이 일컫지 말라."
2. **"이웃을 네 몸과 같이 사랑하라."**
3. "부모님을 공경하라."

성경 퀴즈 고급 문제

아이들의 성경 퀴즈 준비를 위해 마태복음 21:1-17;22:34-40을 읽어 준다.

1 예수님은 벳바게에서 무엇을 하셨습니까? (21:1-2)
   1. 기도하고 금식하셨다.
   2. 두 제자들을 보내 나귀와 나귀새끼를 가져오게 하셨다.
   3. 병든 자를 고치셨다.
   4. 자비하지 못한 종의 비유를 이야기해 주셨다.

2 제자들은 나귀를 가지고 어떻게 하였습니까? (21:7)
   1. 나사렛으로 가지고 갔다.
   2. 타고 예루살렘으로 들어갔다.
   3. 나귀 위에 겉옷을 깔아 예수님이 타시게 하였다.
   4. 성전세를 내려고 팔았다.

3 사람들은 예수님이 예루살렘에 나귀를 타고 들어오실 때 어떻게 하였습니까? (21:8-9)
   1. 겉옷과 나뭇가지를 길 위에 펼쳐 놓았다.
   2. 그에게 돌을 던졌다.
   3. 다른 도시로 가버렸다.
   4. 위의 답 모두

4 예수님이 예루살렘에 들어가셨을 때, "이 사람은 누구인가?" 하는 질문에 사람들은 어떻게 대답했습니까? (21:11)
   1. "마리아와 요셉의 아들, 예수요."
   2. "메시야요."
   3. "갈릴리 나사렛에서 온 선지자 예수요."
   4. "예루살렘의 새 왕이요."

5 예수님이 돈 바꾸는 상인들과 비둘기를 파는 상인들의 상을 엎으시면서 하신 말씀은 무엇입니까? (21:13)
   1. "내 집은 기도하는 집이라 일컬음을 받으리라 하였는데 너희가 '강도들의 소굴'로 만들고 있다."
   2. "무고한 자를 고발하는 자들은 죽을 것이다!"
   3. "심판의 날이 왔다."
   4. 위의 답 모두

6 절름발이와 소경들이 성전에 예수님을 만나러 왔을 때 어떻게 하였습니까? (21:14)
   1. 대제사장에게 데리고 가셨다.
   2. 제사 드릴 희생물을 가지고 오라고 하셨다.
   3. 고쳐 주셨다.
   4. 요단강에서 씻으라고 말씀하셨다.

7 어린이들은 성전에서 어떻게 외쳤습니까? (21:15)
   1. "호산나, 다윗의 왕이여."
   2. "높은 곳에 계신 하나님께 영광."
   3. "평화의 왕이 오셨다."
   4. "거룩하신 이가 오셨다."

8 대제사장과 서기관들이 어린이들이 예수님에 대해 소리치는 것을 듣고 예수님께 질문했을 때, 예수님은 그들에게 어떻게 말씀하셨습니까? (21:16)
   1. "어린이들을 그냥 두어라."
   2. "너희는 '어린이들과 아기들의 입에서 나오는 찬미를 온전하게 하셨다'는 말을 읽어 본 적이 없느냐?"
   3. "어린이들은 지금 오신 이에 대한 선지자들이다."
   4. "어린이들은 하나님의 목소리이다."

9 예수님은 가장 큰 계명은 무엇이라고 하셨습니까? (22:37:38)
   1. "네 마음을 다하고 목숨을 다하고 뜻을 다하여 주 너의 하나님을 사랑하라."
   2. "안식일을 기억하여 거룩하게 지켜라."
   3. "주 하나님 외에 다른 신을 섬기지 말라."
   4. "주 너의 하나님의 이름을 망명되이 일컫지 말라."

10 예수님에 의하면, 어떤 주체가 두 가지 큰 계명을 고수하였습니까? (22:40)
   1. 산상 위의 설교
   2. 가장 중요한 규칙
   3. 율법과 선지자
   4. 여덟 가지 참 행복

제 14 공과

마태복음 24:36-42;25:1-30

암송 요절

"불법이 성하므로 많은 사람의 사랑이 식어지리라 그러나 끝까지 견디는 자는 구원을 얻으리라" (마태복음 24:12-13)

성경의 진리

예수님은 다시 오실 것이다. 그의 제자들은 이 일을 위해 준비해야 한다.

요점

이번 공과에서 우리는 예수님의 재림을 준비해야 한다는 것을 배우게 된다.

교사를 위한 도움의 말

성경 공부를 이끌어갈 때, 아이들이 하나님을 따르면 그들의 미래를 두려워할 필요가 없다는 사실을 인지시켜준다. 하나님께서는 그를 따르는 자들이 하나님 안에서 기쁨에 넘치고 온전한 믿음을 갖기 원하신다.

성경적 배경

예수님이 언제 오실지는 하나님만 아신다. 그 사실이 어떤 사람들에게는 화가 나는 일일지 몰라도, 그것은 우리가 늘 하나님의 명령을 따라야 한다는 것을 기억하게 해 준다. 우리는 다른 사람들을 용서해야 하고 예수님의 재림을 준비해야 한다. 다음의 두 비유는 예수님의 재림이 임할 때 우리의 삶이 어떨지에 대한 상상을 해 보게 한다.

결혼식은 유대 사회에서 중요한 일이었다. 결혼을 하려면 신랑은 먼저 신부의 아버지를 만나야 했다. 그리고나서, 다른 처녀들이 등불을 들고 결혼 잔치를 위해 신랑을 그의 집으로 안내해야 했다. 이 비유에서는, 총 10 명의 처녀들이 신랑을 기다리는 동안 잠이 들고 말았다. 신랑이 도착했을 때, 그 중 5 명만 준비가 되어 있었다. 이로 인해 그 5 명의 처녀만 신랑을 결혼 잔치에 데리고 갈 수 있었다. 그 후에는 신랑이 문을 잠궈서 다른 처녀들은 더 이상 안으로 들어갈 수 없었다.

두 번째 비유는 하나님과 우리 각자의 관계에 대한 이야기이다. 한 달란트는 적은 돈이다. 주인은 종들에게 각각 다른 양의 돈을 맡겼다. 각자가 받은 돈의 양은 그들이 받은 각자의 능력을 말하는 것이다. 자신의 달란트를 잃고 싶지 않은 종은 받은 달란트로 아무것도 하지 않았다. 결국 그는 가진 것을 다 잃게 된다.

이 비유들은 우리에게 예수님의 부활을 위해 준비하는 일은 중요한 일이라는 사실을 가르쳐 준다. 하나님은 우리가 받은 달란트를 그를 섬기는데 쓰고 그의 나라를 세우는데 쓰기 원하신다는 것을 우리는 깨달아야 한다.

하나님의 성품

» 하나님은 예수님이 언제 다시 오실지 알고 계시며 우리가 그의 재림을 위해 준비되기 원하신다.

» 하나님은 우리가 그의 일을 할 수 있도록 준비시키신다.

신앙의 어휘

재림은 예수님이 이 땅에 다시 오시는 때를 말한다. 예수님은 이 땅을 다스리실 것이고, 더 이상 악은 없을 것이다.

인물

열 명의 처녀는 신부나 신랑의 친구들이나 친척들이었다.
신랑은 결혼식에서 신부와 결혼할 남자이다.

신약의 용어

등불은 주둥이가 달린 토기로 만들어졌다. 주둥이에 양초 심지를 넣었다.
등불을 다듬는 것은 다 탄 심지를 잘라내는 일이다.
이자는 우리가 돈을 모아 은행에 넣었을 때 얻는 추가의 돈이다.

활동

본 활동을 위해 다음의 준비물이 필요하다.
» 종이 접시: 활동에 참여하는 학생 수 만큼의 갯수. 종이 접시가 없으면 비슷한 물건을 사용한다.

» 스티커나 싸인펜

수업을 시작하기 전, 접시 중 하나의 바닥에 스티커나 싸인펜으로 표시를 한다. 접시는 아이들이 볼 수 있는 곳에 배치해 둔다. 아이들에게 번호를 하나씩 준다. 일부터 세어서 모든 아이들이 번호를 받을 때까지 번호를 센다.

이렇게 말한다: **오늘, 우리는 결혼식에 대한 비유를 배우게 될 것입니다. 결혼식에 온 사람들 중에 어떤 이들은 기름을 충분히 준비하지 못했습니다. 이 게임에서, 이 접시들이 여러분이 결혼식에 가져갈 수 있는 등불이라고 생각하세요. 이 등불 중 하나는 기름이 충분하지 않습니다. 접시 위에 그 표시가 있습니다.**

여러분은 번호를 받았습니다. 번호 순서대로 접시를 하나씩 고르세요. 모든 사람이 등불을 다 받았으면, 누가 기름이 부족한 등불을 받았는지 체크해 봅시다. 그 사람은 게임에서 아웃이 될 것입니다.

기름이 부족한 접시를 확인한 후, 나머지 접시 중 하나를 빼고 섞어서 다시 배치한다. 게임에 남은 아이들은 또 다시 접시를 하나씩 고른다. 이번에는 뒤 번호부터 고르게 한다. 번호가 가장 높은 아이가 가장 먼저 고른다. 모든 아이가 접시를 고를 때까지 번호를 거꾸로 내려온다. 한번은 높은 번호 또 한번은 낮은 번호에서 시작하며 게임을 반복하여 한 아이가 남을 때까지 게임을 계속한다. 남은 아이가 승리자이다.

이렇게 말한다: **기름이 부족한 등불을 골랐을 때, 여러분은 게임을 계속할 수가 없었습니다. 오늘, 우리는 예수님이 등불의 기름이 부족했던 사람들에 대한 비유를 들어주신 것을 듣게 될 것입니다.**

성경의 가르침

수업을 하기 전, 마태 복음 24:36-42;25:1-30에서 응용한 다음의 이야기를 준비한다.

예수님은 그를 따르는 사람들에게 설교해 주셨습니다. "마지막 때가 언제가 될지 아무도 알 수 없다. 오직 하나님께서만 이를 알고 계신다. 인자가 오면, 그 때는 노아의 때와 같을 것이다. 홍수가 오기 전, 사람들은 먹고, 마시고, 살던 대로 살았다. 그들은 홍수가 와서 모든 것을 쓸어 버릴 때까지 아무 것도 알지 못했다. 이것이 인자가 올 때 일어날 일과 같은 것이다. 그러므로 깨어 있으라, 언제 마지막 때가 올지 모른다."

"마지막 때는 결혼식에 등불을 가져 가는 열 처녀와 같다. 다섯 명의 처녀는 슬기로워서 등불에 넣을 기름을 충분히 준비하였다. 다른 다섯 명의 처녀는 미련해서 기름을 충분히 준비하지 못하였다. 신랑은 한참 동안 오지 않았고, 처녀들은 잠이 들었다."

"한밤 중에, 처녀들은 신랑을 맞이하게 되었다. 그들이 깨어, 등불을 준비했다. 미련한 처녀들은 기름이 없어서, 슬기로운 처녀들에게 기름을 빌려 달라고 청하였다. 그러나, 슬기로운 처녀들은, '기름을 나누어 주면, 우리도 부족할 것이니 가서 기름을 사 와라.' 라고 말하였다.

"그들이 기름을 사러 간 사이, 신랑이 도착하였다. 준비된 처녀들은 결혼 잔치에 함께 갔고 잔치집 문은 닫혔다. 다른 처녀들은 기름을 사 와서 부탁했다. '들어 가게 해 주세요! 저희도 들어가게 문을 열어 주세요!'"

"그러자 주인은 '나는 너희를 알지 못한다.'고 말했다."

예수님은 "그러므로, 깨어 있으라. 마지막 때가 언제 올지 아무도 모른다." 라고 말씀하셨습니다.

예수님은 또 다른 비유를 말씀해 주셨습니다. "어떤 사람이 여행을 떠났다. 그는 그의 종들에게 재산의 일부분을 맡기기로 하였다. 첫 번째 종은 다섯 달란트를 받았다. 두 번째 종은 두 달란트를 받았다. 마지막 종은 한 달란트를 받았다. 첫 번째 종은 그가 받은 돈을 투자해서 다섯 달란트를 더 벌었다. 두 번째 종도 받은 돈을 투자해서 두 달란트를 더 모았다. 한 달란트를 받은 종은 받은 돈을 땅속에 묻었다."

"주인이 돌아오자, 그는 종들에게 나누어 준 돈에 대해 물었다. 다섯 달란트를 받았던 종은 다섯 달란트를 더 가져 왔다. 주인은, '잘하였다! 내가 준 것을 성실하게 지켰다. 내가 너에게 더 많은 일을 주겠다.'"

"두 번째 종도 두 달란트에 두 달란트를 더하여 가져 왔다. 주인은, '잘하였다! 너는 적은 일에 충성하였다. 와서 네 주인의 기쁨을 함께 나누어라.'"

"세 번째 종은 이렇게 말하였다. '주인님, 저는 주인님이 무서워서 주인님의 돈을 땅 속에 감추어 두었

습니다. 그 돈이 여기에 있습니다'"

"주인은 이렇게 대답했다. "이 악한 종아! 너는 그 돈을 차라리 은행에 넣어 두었어야 했다. 그랬다면 이자라도 얻게 되었을 것이다. 너에게 주었던 달란트를 빼앗아 열 달란트를 주었던 종에게 줄 것이다. 받은 자는 더 많이 받게 될 것이고 풍족하게 될 것이다. 이 종을 깜깜한 밖으로 쫓아내어라!'"

아이들이 다음의 질문에 대답할 수 있도록 도와준다. 맞고 틀린 답은 없다. 이 질문들은 아이들이 이야기를 잘 이해하고 자신들의 삶에 적용할 수 있는데 도움이 될 것이다.

1. 다섯 명의 처녀들은 결혼 잔치에 들어 갈 수 없었습니다. 그들은 자신들이 잔치에 제외된 것에 대해 어떻게 느꼈을까요?
2. 많은 사람들이 예수님이 언제 다시 오실지에 대해 추측하고 있습니다. 사람들은 왜 이 일이 언제 일어날지 알고 싶어할까요?
3. 한 달란트를 받은 종은 왜 주인을 두려워 했습니까? 여러분은 누군가가 무서워서 어떤 행동을 한 적이 있습니까?

이렇게 말한다: 여러분은 부모님이 손님을 맞이할 준비를 하는 것을 도운 적이 있습니까? 어떤 일을 했습니까? 손님이 도착하셨을 때 모든 준비가 다 끝났습니까? 예수님이 하늘 나라로 돌아가시기 위해 이 땅을 떠나셨을 때, 그는 다시 돌아오실 것을 약속하셨습니다. 그는 우리를 위한 자리를 준비하시기 위해 가셨습니다. 우리는 그가 언제 다시 오실지 알지 못합니다. 그러나, 예수님은 자신들의 죄를 용서 받고 그를 따르는 자들을 하늘로 데려가시기 위해 다시 오실 것입니다. 예수님은 우리가 그에게 순종하고 그의 재림을 위해 준비하기 원하십니다. 예수님의 재림을 위해 어떻게 준비하면 됩니까?

암송 요절

본 과의 암송 요절을 준비한다. 몇 가지 제안이
137-138 쪽에 나와 있다.

추가 활동

1. 반 전체가, 달란트의 비유에 대해 이야기 나눈
   다. 이야기 속의 달란트는 돈을 말하지만, 우리
   가 받은 재능과 능력을 어떻게 사용할 수 있는지
   이야기 나눈다. 우리가 받은 재능을 하나님께 영
   광 돌리기 위해 어떻게 사용할 수 있는가?

2. 반 전체가, 예수님의 시대에 사람들이 등불을 어
   떻게 사용했는지 조사해 본다. 아이들이 등불을
   종이에 그려 보게 한다.

성경 퀴즈 기본 문제

아이들의 성경 퀴즈 준비를 위해, 마태복음 24:36-42;25:1-30을 읽어 준다.

1 예수님은 우리가 알지 못하는 때에 주님이 오실 것이라고 말씀하셨습니다. 우리는 어떻게 해야 합니까? (24:42)

1. 계속 깨어 있는다.
2. 아무것도 하지 않고 기다린다.
3. 위의 답 모두

2 왜 열 처녀들은 등불을 들고 나갔습니까? (25:1)

1. 무슨 일이 일어났다 보려고
2. 신랑을 만나려고
3. 신랑의 가족을 만나려고

3 왜 다섯 명의 처녀들은 슬기로웠습니까? (25:4)

1. 등불에 기름을 충분히 넣어서
2. 신랑이 언제 올지 알고 있어서
3. 위의 답 모두

4 슬기로운 처녀들은 미련한 처녀들이 기름을 나누어 달라고 했을 때 어떻게 대답했습니까? (25:9)

1. "우리와 너희가 나누어 쓰기에 충분하지 않다."
2. "기름을 파는 자에게 가서 사 와라."
3. 위의 답 모두

5 미련한 처녀들이 기름을 사러 갔을 때 어떤 일이 일어났습니까? (25:10)

1. 슬기로운 처녀들도 기름이 떨어졌다.
2. 신랑이 왔다.
3. 슬기로운 처녀들은 잠이 들었다.

6 한 달란트를 받은 자는 그 돈을 어떻게 했습니까? (25:18)

1. 한 달란트를 더 벌었다.
2. 그 돈을 은행에 넣었다.
3. 땅을 파서 돈을 묻었다.

7 주인이 돌아왔을 때, 다섯 달란트를 받은 사람은 어떻게 말했습니까? (25:20)

1. "죄송합니다. 주인님의 돈을 다 써 버렸습니다."
2. "보십시오, 제가 다섯 달란트를 더 벌었습니다."
3. "주인님의 돈을 은행에 넣어 두었습니다."

8 주인은 다섯 달란트를 더 모은 종에게 어떻게 말했습니까? (25:21)

1. "잘하였도다 착하고 충성된 종아."
2. "네가 적은 일에 충성하였으니 내가 많은 것을 네게 맡기겠다."
3. 위의 답 모두

9 주인은 두 달란트를 더 모은 종에게 어떻게 말하였습니까? (25:23)

1. "네 주인의 즐거움에 참여하여라!"
2. "네 달란트를 돌려 받아야겠다."
3. "너를 위하여 잔치를 벌여야겠다."

10 주인은 한 달란트를 땅에 묻은 종에게 어떻게 말하였습니까? (25:26-27)

1. "이 사악하고 게으른 종아!"
2. "너는 차라리 돈을 취리하는 자들에게 맡겨서 이자를 벌었어야 했다."
3. 위의 답 모두

성경 퀴즈 고급 문제

아이들의 성경 퀴즈 준비를 위해 마태복음 24:36-42;25-1-30을 읽어 준다.

1 예수님의 재림의 날과 시간을 아는 사람은 누구입니까? (24:36)

1. 천사들
2. **하나님 아버지**
3. 목사님들
4. 예수님

2 우리는 왜 깨어서 준비해야 합니까? (24:42)

1. **주님이 언제 오실지 아무도 모르기 때문에**
2. 집에 도둑이 들지 모르기 때문에
3. 사고를 당할지 모르기 때문에
4. 우리가 해야 할 일이 많이 있기 때문에

3 처녀들은 신랑이 오랫동안 오지 않았을 때 무엇을 했습니까? (25:5)

1. 신랑을 찾았다.
2. 서로 깨우며 기다렸다.
3. 다른 할 일을 찾았다.
4. **잠이 들었다.**

4 한밤 중에 어떤 소리가 났습니까? (25:6)

1. "일어 나라! 신랑이 거의 다 오셨다!"
2. **"신랑이 오셨다! 와서 맞이하여라!"**
3. "등불을 밝혀라!"
4. "가서 빨리 기름을 사와라! 신랑이 오고 계신다."

5 처녀들이 한밤 중에 소리를 들었을 때 어떻게 했습니까? (25:6-7)

1. 모두 계속 잠을 잤다.
2. 슬기로운 처녀들이 미련한 처녀들을 깨웠다.
3. **모두 깨서 등을 준비했다.**
4. 슬기로운 처녀들은 깨었고, 미련한 처녀들은 계속 잤다.

6 미련한 처녀들이 기름을 사러 간 사이 무슨 일이 일어났습니까? (25:10)

1. 신랑이 도착했다.
2. 준비가 된 처녀들은 신랑과 함께 결혼 잔치에 갔다.
3. 잔치집 문이 닫혔다.
4. **위의 답 모두**

7 주인은 종들에게 몇 달란트씩 나누어 주었습니까? (25:15)

1. **첫 번째 종에게는 다섯 달란트를, 두 번째 종에게는 두 달란트, 마지막 종에게는 한 달란트를 나누어 주었다.**
2. 첫 번째 종에게는 열 달란트를, 나머지 두 종에게는 각 각 다섯 달란트씩 나누어 주었다.
3. 각 종들에게 열 달란트씩 나누어 주었다.
4. 각 종들에게 다섯 달란트씩 나누어 주었다.

8 다섯 달란트와 두 달란트를 받은 종들은 그들이 받은 돈으로 어떻게 했습니까? (25:16-17)

1. 돈이 없는 사람들에게 나누어 주었다.
2. **다섯 달란트를 받은 자는 다섯 달란트를 더 벌고 두 달란트를 받은 자도 두 달란트를 더 벌었다.**
3. 한 달란트를 받은 자에게 다 주었다.
4. 받은 돈으로 아무 것도 하지 않았다.

9 주인은 마지막 종이 땅에 묻었던 한 달란트를 어떻게 하였습니까? (25:25,28)

1. 두 달란트를 받았던 종에게 주었다.
2. 은행에 넣었다.
3. **열 달란트를 가진 종에게 주었다.**
4. 그의 아들에게 주었다.

10 다음 요절을 완성하세요: "불법이 성하므로, 많은 사람의 사랑이 식어지리라. 그러나..." (마 24:12-13)

1. **"끝까지 견디는 자는 구원을 얻으리라."**
2. "하나님께서는 악한 일을 행하는 자를 벌하실 것이다."
3. "그들은 그들이 무슨 짓을 하는지 모른다."
4. "하나님은 늘 신실하시다."

제 15 공과

마태복음 26:1-30

암송 요절

"우리는 그리스도 안에서 그의 은혜의 풍성함을 따라 그의 피로 말미암아 속량 곧 죄사함을 받았느니라." (에베소서 1:7)

성경의 진리

예수님은 모든 사람을 위해 그의 생명을 주실 준비를 하셨다.

요점

이번 공과에서는 예수님이 떡과 포도주에 대해 새로운 의미를 주셨다는 사실을 배우게 된다.

교사를 위한 도움의 말

어린이들이 본문에서 일어난 각 사건들의 중요함을 이해할 수 있게 도와 준다. 성경 해설을 읽고 기타 정보에 대한 추가 조사를 한다.

성경 해설

그의 죽음이 다가오고 있을 때, 예수님은 제자들을 준비시키려고 하셨다. 그는 유월절 명절 기간에 십자가에 못 박히게 될 거라고 구체적으로 말씀해 주셨다. 우리는 제자들이 이에 대해 무슨 생각을 했는지 알지 못한다. 그러나, 대제사장의 행동이 예수님의 말씀을 확증하고 있다는 것을 알 수 있다. 예수님은 대제사장들이 그들의 계획을 마치기 전에 어떤 일이 일어날지 미리 선포하셨다.

예수님께 향유를 부은 여인에 대한 이야기도 나온다. 그 당시에는 몸에 기름을 붓는 것은 장례에서 평범하게 행하던 일이었다. 제자들은 여인의 행동이 쓸데없는 행동으로 여겨졌다. 그러나, 예수님은 앞으로 십자가에 못박히실 것을 제자들에게 암시하시기 위하여 여인의 행동을 칭찬하셨다. 그 행동은 예수님의 십자가를 위해 준비된 것이라고 말씀하셨다.

간단히 말해, 십자가에 못박히심은 예수님에 대한 계획 중 하나였다. 그가 잡히심은 갑자기 일어난 우연이 아니었다. 유대인과 로마 지도자들이 아무리 예수님을 죽여야 한다고 주장하였다 하더라도, 그의 죽음은 피할 수 있는 것이 아니었다.

예수님은 그의 죽음의 중요성을 잘 알고 계셨고 그것이 그의 구원의 계획에 어떤 역할을 하는지 잘 알고 계셨다. 예수님의 희생적인 죽음은 유월절의 희생의 의미이다. 바로 온전한 어린 양의 피인 것이다. 유월절 만찬은 하나님께로부터 오는 구원을 의미하기도 한다. 예수님은 자신이 하나님의 섭리의 성취라는 것을 보여주시기 위해 유월절 만찬을 사용하셨다.

하나님의 성품

» 예수님은 모든 사람들을 위해 그의 생명을 주실 준비를 하셨다.
» 예수님은 성찬을 할 때 우리가 그를 기억하도록 가르쳐 주셨다.

신앙의 어휘

언약은 하나님과 그의 백성들 사이에 맺은 약속이다. 하나님과 백성들은 서로에게 약속을 세웠다. 하나님의 언약은 우리가 그를 사랑하는 관계를 만들어 준다.

인물

대제사장은 유대인들의 영적 지도자이다.
가야바는 예수님의 체포와 죽음을 음모한 대제사장이다.
랍비는 선생님을 의미하는 유대어이다.

장소

감람산은 마치 사람들이 도시를 벗어나 인파를 피하고 더위를 식히던 공원 같은 숲이 우거진 곳이었다.

기타 용어

유월절은 매년 열리는 유대인들의 행사로 하나님께서 이집트의 노예 생활로부터 그들을 구원해 주신 것을 기억하는 행사이다.
옥은 하얗고 부드럽고 밝은 색의 돌이다. 사람들은 그것을 깎아서 예쁜 항아리나 상자로 만들었다 (옥합).

성경의 가르침

수업 전에, 마태 복음 26:1-30에서 응용한 다음의 이야기를 준비한다.

예수님은 제자들에게 이렇게 말씀하셨습니다. "유월절이 이틀 후로 다가왔다. 인자는 곧 십자가에 달리기 위해 그들의 손에 넘어갈 것이다."

대제사장과 장로들이 가야바라는 대제사장의 관정에 모였습니다. 그들은 예수님을 잡아서 죽일 음모를 꾸몄습니다. 그들은 "하지만 사람들이 소동을 일으킬 수도 있으니 명절 중에는 하지 말자."고 했습니다.

예수님은 베다니에 있는 나병 환자 시몬의 집에 계셨습니다. 한 여인이 아주 비싼 향유가 든 옥합을 예수님께 가져왔습니다. 여인은 그 향유를 예수님의 머리 위에 부었습니다. 제자들은, "차라리 그 향유를 비싼 값에 팔았다면 불쌍한 사람들에게 나누어 줄 수 있었을 것이다." 라고 불평했습니다.

예수님은 "이 여인은 아름다운 일을 하였다. 내 몸에 이 향유를 부은 것은 내 장사를 준비하는 일이다. 복음이 전해지는 곳마다 이 여인이 한 일도 전해질 것이다." 고 말씀하셨습니다.

12 제자 중의 한 명이었던 가룟 유다는 대제사장을 만났습니다. 그리고 물었습니다. "내가 예수를 당신에게 넘겨주면 나에게 얼마를 주겠소?"

대제사장은 유다에게 은 동전 30 개를 주었습니다. 유다는 예수님을 그에게 넘겨줄 기회만 찾고 있었습니다.

무교절의 첫째 날, 제자들은 예수님께 유월절 음식을 어디에서 드실건지 여쭈었습니다.

예수님은 "성안에 들어가서 아무에게나 선생님이 제자들과 함께 너희 집에서 유월절을 지키실 것이라고 말하여라." 하고 말씀하셨습니다. 제자들은 그대로 하였고 유월절 음식을 준비하였습니다.

그날 저녁, 예수님은 12 제자들과 함께 만찬에 참석하셨습니다. 그리고 말씀하셨습니다. "너희 중에 한 사람이 나를 배신할 것이다."

제자들은 매우 슬픈 얼굴로, 앞다퉈 예수님께 묻기 시작했습니다. "주님, 저는 아니지요?"

유다도 물었습니다. "랍비여, 저는 아니지요?"
예수님은 대답하셨습니다. "바로 너이다."

그리고 나서 예수님은 떡을 들어 감사 기도를 하신 후, 떡을 떼어서 제자들에게 나누어 주셨습니다. "받아서 먹어라. 이것은 내 몸이니라."

그리고 잔을 드시고 감사 기도 하신 후, 제자들에게 잔을 주셨습니다. "너희는 모두 이것을 마셔라. 많은 이들의 죄사함을 위해 흘리는 내 언약의 피이다."

제자들은 찬미를 드린 후, 감람산으로 올라갔습니다.

아이들이 다음 질문에 대답할 수 있도록 도와준다. 맞고 틀린 답은 없다. 이 질문들은 아이들이 이야기를 잘 이해하고 자신들의 삶에 적용하는데 도움이 될 것이다.

1. 예수님은 십자가에 못박히실 것이고 그 여인은 그의 장사를 준비하는 것이라고 말씀하셨을 때 제자들은 어떤 느낌이 들었을까요?

2. 여인이 향유를 예수님의 머리 위에 부었을 때 제자들이 화를 낸 행동이 잘못된 행동이었다고 생각합니까? 왜 잘못된 행동 또는 옳은 행동이었다고 생각합니까?

3. 유다가 예수님을 배신한 이유에는 어떤 것들이 있습니까? 여러분의 친구가 여러분을 배신한 적이 있습니까?

4. 여러분이 유월절 만찬에 참여한 제자 중 한 사람이었다고 상상해 보세요. 예수님이 제자 중 한 사람이 그를 배신할 거라고 했을 때 여러분이라면 어떤 느낌이 들었을까요? 유다는 자신이 배신자라는 것을 예수님이 알고 계신 것을 알았을 때 어떤 생각이 들었을까요?

이렇게 말한다: 예수님이 죽으실 시간이 다가 오고 있을 때, 그는 제자들과 함께 유월절을 지키셨습니다. 그들이 함께 만찬을 갖는 동안, 예수님은 떡을 들어 나누셨습니다. 그는 떡을 제자들에게 나누어 주시면서, 그것은 자신의 몸이라고 말씀하셨습니다. 그리고 잔을 드시고 나누어 주시면서 모든 사람들의 죄사함을 위한 자신의 피라고 말씀하셨습니다.

오늘 우리가 이야기 나눈 이 식사는 최후의 만찬 혹은 성찬식이라고 부릅니다. 오늘날의 기독교인들은 예수님이 십자가에서 고통 당하고 돌아가신 것을 기억하기 위해 성찬식에 참여합니다. 성찬식에 임할때, 예수님이 여러분을 위해 하신 일을 생각해 보세요. 그가 우리에게 자신의 생명을 주셨기 때문에 우리는 죄사함을 받을 수 있는 것입니다.

활동

아이들에게 말한다: 오늘 우리는 예수님과 제자들이 함께 나눈 유월절 명절에 대해 배웠습니다. 이 명절 기간에, 유대인들은 무교병 (이스트로 부풀리지 않은 빵)과 포도주를 마셨습니다. 이것은 하나님께서 그의 백성들을 바로왕에게서 재빨리 구출해 내신 것을 의미합니다. (출애굽기 12 장) 최후의 만찬에서, 예수님은 이 떡과 포도주의 새로운 의미를 주셨습니다. 그는 제자들에게 이것은 자신의 몸과 피라고 설명해 주셨습니다. 오늘날, 우리는 성찬식에서 떡과 포도주를 나누면서 예수님의 희생을 기억합니다.

목회자를 초청하여 아이들에게 성찬식에 대한 이야기를 들려주고 궁금해하는 질문을 받는다.

암송 요절

본문의 암송 요절을 연습한다. 몇 가지 제안이 137-138쪽에 나와 있다.

추가 활동

어린이들의 효과적인 성경 공부를 위해 다음 중 선택 추가할 수 있다.

1. 사람의 머리에 향유를 뿌리던 신약 시대의 관습에 대해 조사해 봅시다. 그것의 중요성은 무엇입니까? 이 행동이 왜 장례식의 한 부분일까요? 여러분이 예수님의 머리에 향유를 부은 여인이라고 상상해 보세요. 여인은 기름을 붓기 전, 부으면서, 붓고 나서 어떤 생각을 했을까

요? 예수님께서 세상 모든 사람들이 자신이 한 일을 알게 될 것이라고 말씀하셨을 때 여인은 어떤 말을 했을 거라고 생각합니까?

2. 본 공과에 나온 예수님의 사건에 대한 시간 경과 표를 만들어 봅시다. 각 사건에 대한 다음의 질문들에 대답해 봅시다: 어떤 일이 일어났습니까? 예수님의 반응은 어떠했습니까? 일어난 일에 대에 예수님은 어떤 느낌을 받았을까요?

성경 퀴즈 기본 문제

아이들의 성경 퀴즈 준비를 위해 마태복음 26:1-30을 읽어준다.

1 예수님은 누가 십자가에 못박힐 거라고 하셨습니까? (26:2)
  1. 인자
  2. 베드로
  3. 요한의 아들

2 대제사장의 이름은 무엇이었습니까? (26:3)
  1. 요셉
  2. 가야바
  3. 빌라도

3 나병 환자 시몬이 살던 마을은 어디입니까? (26:6)
  1. 베들레헴
  2. 베다니
  3. 예루살렘

4 나병 환자 시몬의 집에 왔던 여인은 예수님께 어떻게 했습니까? (26:6-7)
  1. 그의 머리에 향유를 부었다.
  2. 존경의 뜻으로 고개를 숙였다.
  3. 먹을 것을 드렸다.

5 예수님은 자신에게 향유를 부은 여인의 행동에 대해 어떻게 말씀하셨습니까? (26:10)
  1. 짓궂다고
  2. 아름답다고
  3. 낭비라고

6 예수님은 제자들이 항상 함께 할 자는 누구라고 하셨습니까? (26:11)
  1. 가난한 사람들
  2. 부자들
  3. 하나님의 아들

7 대제사장들은 예수를 넘겨 주는 댓가로 유다에게 얼마를 주었습니까? (26:14-15)
  1. 금 동전 10개
  2. 은 동전 30개
  3. 구리 동전 40개

8 유월절 만찬에서 예수님이 떡을 떼시면서 어떻게 말씀하셨습니까? (26:26)
  1. "이 떡을 먹어라. 앞으로 긴 밤을 보내야 한다."
  2. "이 떡은 우리의 조상들이 이집트 사람들로부터 도망친 것을 상기시켜 준다."
  3. "받아서 먹어라. 이 것은 내 몸이다."

9 예수님은 무엇을 위해 언약의 피를 흘린다고 말씀하셨습니까? (26:28)
  1. 제자들만을 구하기 위해
  2. 죄사함을 위해
  3. 그의 가족의 죄를 위해

10 예수님과 제자들이 유월절 만찬에서 찬미를 드린후 어디로 떠났습니까? (26:30)
  1. 감람산
  2. 갈릴리 바다
  3. 나사렛

성경 퀴즈 고급 문제

아이들의 성경 퀴즈 준비를 위해 마태복음 26:1-30을 읽어 준다.

1 유월절을 이틀 앞두고, 예수님은 제자들에게 인자에게 어떤 일이 일어날 거라고 말씀하셨습니까? (26:2)

1. 누군가 그를 십자가에 매달게 내어줄 거라고
2. 요단강에서 세례를 받게될 거라고
3. 예루살렘의 왕이 될 거라고
4. 위의 답 모두

2 대제사장들과 장로들은 왜 예수를 명절 기간동안 잡아들이기 원하지 않았습니까? (26:4-5)

1. 로마 군사들과 문제가 생길까봐
2. 시내에 아이들이 있을까봐
3. 무고한 사람들이 다칠까봐
4. 사람들이 난동을 일으킬까봐

3 여인이 예수님의 장례를 준비하기 위해 어떤 일을 하였습니까? (26:7,12)

1. 그의 몸을 비싼 천으로 둘렀다.
2. 물로 그의 발을 닦았다.
3. 그의 머리에 향유를 부었다.
4. 그의 머리를 잘랐다.

4 예수님은 여인이 그의 머리에 향유를 부은 행동에 대해 무엇이라고 하셨습니까? (26:10)

1. 짓궂다고
2. 혼란스럽다고
3. 낭비라고
4. 아름답다고

5 유다는 대제사장으로부터 은 30 개를 받은 후 무엇을 하였습니까? (26:15-16)

1. 예수님을 그에게 넘겨줄 기회만 찾고 있었다.
2. 도망쳤다.
3. 나병 환자 시몬 집에 갔다.
4. 로마 군사를 찾았다.

6 예수님은 유다가 누구를 배신할 거라고 말씀하셨습니까? (26:23-25)

1. 요한
2. 요셉
3. 예수
4. 베드로

7 유월절 만찬에서, 예수님은 떡으로 무엇을 하셨습니까? (26:26)

1. 감사 기도하신 후, 떡을 떼셨다.
2. 제자들에게 나누어 주셨다.
3. "받아서 먹어라. 이것은 내 몸이다." 라고 말씀하셨다.
4. 위의 답 모두

8 예수님은 잔을 드시고, 감사 기도하신 후, 제자들에게 나누어 주시면서 어떻게 말씀하셨습니까? (26:27-28)

1. "너희가 다 이것을 마셔라."
2. "이것은 내 언약의 피이다."
3. "많은 사람들의 죄사함을 위해 따르는 것이다."
4. 위의 답 모두

9 예수님이 제자들에게 떡과 잔에 대한 새로운 의미를 주신 명절은 어느 것입니까? (26:19;26-28)

1. 성년식
2. 속죄일
3. 유월절
4. 촛불 축제

10 다음 요절을 완성하세요: "우리는 그리스도 안에서 그의 은혜의 풍성함을 따라..." (엡 1:7)

1. "그의 은혜로 구원을 받을 것이니라."
2. "우리는 그의 자녀이고 그는 우리를 구원하시리라."
3. "그의 피로 말미암아 속량 곧 죄사함을 받았느니라."
4. "성찬에 임할 것이니라."

제 16 공과

마태복음 26:31-56

암송 요절

"조금 나아가사 얼굴을 땅에 대시고 엎드려 기도하여 이르시되 내 아버지여 만일 할 만하시거든 이 잔을 내게서 지나가게 하옵소서 그러나 나의 원대로 마옵시고 아버지의 원대로 되기를 원하나이다" (마태복음 26:39)

성경의 진리

예수님은 고심하셨지만, 우리의 구원을 위해 하나님의 뜻을 따르기로 선택하셨다.

요점

이번 공과는 우리에게 어려움이 찾아오더라도, 우리를 향하신 하나님의 뜻을 따르는 것이 중요하는 것을 가르친다. 하나님은 어떤 사람도 어려움을 당하는 것을 원치 않으신다. 그러나, 어려움은 인간의 죄로 인한 선택의 결과로 우리를 찾아온다.

교사를 위한 도움의 말

이번 공과를 가르칠 때, 사람들의 의지보다 하나님의 뜻이 더 중요하다는 것을 깨우치게 한다. 예수님은 이것을 알고 계셨고, 그의 기도에서 그대로 표현하셨다.

성경 배경

예수님이 인류를 죄와 죽음에서 구원하기 위해 자신을 희생할 계획을 세우신 것은 분명한 사실이다. 또한 구약의 선지자들의 예언을 이루기 위해 스스로 예루살렘으로 입성하신 것도 사실이다. 그는 도망치지 않았다. 그럼에도 불구하고, 그의 절박한 고통과 죽음을 참아내는 일은 쉬운 일이 아니었다.

예수님은 "죽음을 맞이하는 고뇌로 가득차 계실 때", 우리가 고통을 어떻게 대처해야 하는지에 대한 훌륭한 예를 보여 주셨는데 그것은 바로 모든 것을 아버지께 맡기는 것이다. 예수님은 아버지께 십자가의 고난을 피하고 싶다고 솔직히 고백하셨다. 그러나, 결국 아버지의 뜻에 몸을 맡기셨다. 예수님은 자신의 고통을 통해 얻을 결과는 그 고통에 비하면 훨씬 대단한 것이라는 것을 알고 계셨다.

이 고뇌를 겪으신 후, 예수님은 하나님의 뜻을 따르기로 마음을 먹으셨다. 예수님의 이 결심은 제자들의 결심과는 완전 다른 것이었다. 제자들은 예수님을 지지할 것이라고 주장하였다. 그러나, 제자들은 예수님을 지켜보지도 못했고, 함께 기도하지도 못했고, 유혹에 저항하지도 못하였다. 제자들은 또한 위험이 닥쳤을 때도 예수님에 대한 충실을 지키지 못하였다. 그들은 하나님의 도우심을 구하지 못하였으며 자신들의 의지는 약했다.

예수님은 신성하신 동시에 인성을 가지고 계셨다. 그는 인간의 한계성과 고통의 깊이를 알고 계셨다. 그는 우리가 어떤 길을 걸어야 하는지 보여주셨다. 이 길은 하나님의 인도하심을 따르는 것이고 어떤 희생을 치르더라도 하나님의 뜻에 순종하는 것이다. 순종을 통해 하나님과의 관계를 만들어 가는 것보다 더 소중한 것은 없다.

하나님의 성품

» 예수님은 하나님의 뜻을 위해 기도하셨다.
» 예수님은 우리를 구원하시기 위해 하나님의 계획을 따르기로 하셨다.

신앙의 어휘

하나님의 뜻은 하나님께서 그의 창조물을 향해 원하시는 바이다. 우리가 기도할 때, 성경을 읽을 때, 믿음의 성도들과 교제할 때, 성령은 우리에게 하나님의 뜻을 보여주신다.

인물

세베대의 아들들은 야고보와 요한이다.
인자는 예수님을 뜻한다.

장소

갈릴리는 팔레스타인의 북쪽 지역으로 예수님이 자라셨고 말씀을 선포하신 곳이다.
겟세마네는 감람산 위에 있는 동산이었다.

기타 어휘

관계를 부인하는 것은 그를 거절하고, 부정하고, 등을 돌리는 행동이다.
'이 잔' 이란 예수님께서 곧 겪으실 깊은 슬픔과 고통을 의미한다.
배신한다는 것은 나를 믿는 친구를 해치는 행동이다.
한 군단은 로마 군인 6000 명을 거느리는 군 단위이다. 12 군단의 천사들은 72,000 명의 천사들이다.

활동

본 활동을 위해 다음의 준비물이 필요하다.
» 테이프나 끈

수업을 시작하기 전, 바닥에 두 줄을 그린다. 두 선은 5-6 미터 정도 떨어지게 한다. 길이는 반 학생 수의 반이 위에 한 줄로 설 수 있을 정도로 한다. 테이프나 끈을 이용해서 줄을 표시한다. 이 선들은 아이들이 걸어야 하는 길의 처음과 끝점을 표시한다. 아이들을 두 팀으로 나눈다. 도움이 필요한 아이는 도와준다.

이렇게 말한다: **오늘 우리는 힘든 일이 있을 때, 하나님께서 우리를 어떻게 도와 주시는지 배울 것입니다. 두 명씩 짝을 짓고 각 자의 줄의 시작점에 서게 됩니다. 이 활동은 누가 빠른지 경주하는 것이 아닙니다. 이기고 지는 사람은 없습니다. 여러분이 시작점에 선 이상 마지막점까지 가야 합니다. 마지막까지 가기 위해, 여러분은 처음부터 끝까지 한 발로 뛰면서 가야 합니다. 한 번씩 다 마치면, 다시 한 번 이 게임을 할 거에요. 그러나, 두 번째는 친구 한 명이 옆에 서서 여러분이 한 발로 걷는 동안 손을 잡아 주고 마지막점까지 도와줄 거에요.**

모든 아이들이 한 번씩 마지막점에 도착할 때까지 활동을 계속한다. 학생들에게 말한다. **한 발로 뛰어서 마지막점까지 가는 일은 쉬운 일이 아닙니다. 그러나, 친구가 여러분을 잡아 주었을 때 훨씬 쉬운 일이 되었습니다. 오늘 우리는 예수님이 고통을 겪으실 때 하나님께서 함께 해주셨다는 것을 배울 것입니다.**

성경의 가르침

수업을 시작하기 전, 마태복음 26:31-56에서 응용한 다음의 이야기를 준비한다.

예수님들은 제자들에게 이렇게 말씀하셨습니다. "오늘 밤, 너희들은 나를 버릴 것이다. 그러나, 내가 죽은 자들 가운데서 살아난 후에, 너희보다 앞서 갈릴리로 갈 것이다."

베드로는 이렇게 대답하였습니다. "모든 이가 주님을 버려도, 저는 절대로 버리지 않을 것입니다."

예수님은 말씀하셨습니다. "오늘 밤, 닭이 울기

전에, 네가 나를 세 번 부인할 것이다."

베드로는 대답했습니다. "주님과 함께 죽어야 한다 하더라도, 주님을 절대로 부인하지 않을 것입니다." 다른 제자들도 베드로의 말에 동의하였습니다.

예수님과 제자들은 겟세마네 동산으로 올라갔습니다. 예수님께서 말씀하셨습니다. "여기에 있어라. 내가 가서 기도하고 오겠다." 그는 베드로, 야고보, 요한을 데리고 올라가셨습니다. 예수님은 무척 슬프고 고통스러우셨습니다. 그래서 제자들에게 말씀하셨습니다. "내 영이 슬픔으로 가득 차있다. 여기에서 나를 위해 기도하여라."

예수님은 동산 안쪽으로 더 들어가셔서 얼굴을 땅에 대시고 기도하셨습니다. "아버지여, 하실 수만 있다면 이 잔을 내게서 치우소서. 하지만, 저의 뜻대로 마옵시고 아버지의 뜻대로 하시옵소서."

예수님은 제자들에게 돌아오셨습니다. 그들은 잠이 들어 있었습니다. "나와 함께 한 시간을 깨어 있지 못한단 말이냐?" 예수님은 말씀하였습니다.

그리고 베드로에게 말씀하셨습니다. "마음을 다해 기도하여라. 그리하여 유혹에 빠지지 말아라. 너의 영은 의지가 있으나, 몸이 약하구나."

예수님은 다시 가서 기도하셨습니다. "아버지여, 만약 제가 마시지 않고서는 이 잔을 치우실 수 없다면, 아버지의 뜻대로 하옵소서."

예수님께서 다시 제자들에게 돌아오셨을 때, 그들은 또 잠이 들어 있었습니다. 그들은 너무 지쳐 있었습니다. 예수님은 다시 기도하러 가셔서 세 번째 기도를 드렸습니다.

그리고 제자들에게 돌아오셔서 말씀하셨습니다. "아직도 잠들어 있느냐? 이제 배신자가 나를 죄인들에게 넘겨줄 시간이 다 되었다. 저기 배신자가 오는구나!"

예수님께서 말씀하실 때, 유다가 많은 사람들을 데리고 왔습니다. 유다는 먼저 그 사람들과 신호를 보내기로 약속을 했습니다. 유다는 "내가 입을 맞추는 자가 그 사람이요. 그가 당신들이 잡고자 하는 자요." 라고 미리 말해 두었습니다. 유다는 예수님께 바로 가서 "랍비여, 안녕하신지요." 하며 입을 맞추었습니다.

예수님은 "네가 하려고 온 일을 하여라." 라고 말씀하셨습니다. 몇 명의 남자들이 앞으로 나와 예수님을 잡았습니다. 제자 중의 한 사람이 칼을 꺼내어 대제사장의 종을 공격했습니다. 그 제자는 종의 귀를 베어 버렸습니다.

예수님은 "네 칼을 치워라. 칼을 의지하는 자는 다 칼로 망하느니라. 내가 원하였다면, 아버지에게 도움을 청하였을 것이다. 그는 나를 지키시기 위해 12 군단의 천사를 보내실 수도 있다. 그러나, 이 모든 것은 성경의 말씀을 이루기 위함이다." 라고 말씀하셨습니다.

예수님들은 사람들에게도 말씀하셨습니다. "나는 반란 세력을 이끌지 않았다. 왜 나를 잡으려 칼과 방망이를 가지고 왔느냐? 나는 성전 뜰에서 매일 가르쳤는데, 너희는 그 때는 나를 잡지 않았었다. 그러나, 이 모든 것은 선지자의 글들을 이루기 위해 일어나야 하는 일이다."

그러자, 제자들은 예수님을 버리고 다 도망쳐 버렸습니다.

아이들이 다음 질문에 대답할 수 있도록 도와준다. 맞고 틀린 답은 없다. 이 질문들은 아이들이 이야기를 잘 이해하고 자신들의 삶에 적용할 수 있는데 도움이 될 것이다.

1. 예수님이 베드로가 자신을 부인할 거라고 말씀하셨을 때 베드로는 어떻게 생각했습니까? 여러분은 누구도 편들어 주지 않는 친구를 위해, 혼자 그의 편을 들어 준 적이 있습니까? 그 일은 쉬운 일입니까? 어려운 일입니까?

2. 예수님은 하나님께서 자신의 죽음을 허락하시도록 진정으로 기도하셨습니다. 여러분은 하고 싶지 않은 일을 하나님을 위해 했어야 했던 일

이 있습니까? 어떤 생각이 들었습니까?

3. 사람들이 예수님을 잡았을 때, 제자들은 왜 도망 쳤을까요? 이에 대해 예수님은 어떻게 느끼셨 을까요? 여러분이 친구의 도움이 필요할 때, 친 구들이 모른척 한 경험이 있습니까? 어떤 생각 이 들었습니까?

이렇게 말한다: 나를 위한 하나님의 뜻은 무엇입니까? 이것이 우리의 삶 속에서 모든 믿는 자들을 괴롭히는 질문입니다. 예수님도 예외는 아니었습니다. 겟세마네 동산에서, 예수님은 매우 슬프셨습니다. 그는 하나님의 뜻을 이루기 위한 다른 방법은 없으신지 하나님께 여쭈 었습니다. 그러나, 그는 하나님의 뜻을 따르기로 하였 습니다.

여러분은 하나님의 뜻을 어떻게 발견하게 됩니까? 성경을 열심히 읽어 보세요. 기도하고 하나님의 인도하 심에 귀를 기울여 보세요. 여러분의 삶의 모든 부분에 있어서 하나님의 뜻을 구하세요. 여러분이 하나님의 뜻 을 따를 때, 가장 좋은 선택을 하게 됩니다.

암송 요절

본문의 암송 요절을 연습한다. 몇 가지 제안을 137-138쪽에서 찾을 수 있다.

추가 활동

효과적인 성경 공부를 위해 다음 중 추가 선택할 수 있다.

1. 반 전체가, 기도가 도움이 되었던 상황들에 대해 나누어 본다. 이 상황들을 종이 위에 쭉 적는다. 그 상황에 어떻게 도움이 되었는지 물어 본다.

2. 예수님이 사시던 시대의 예루살렘의 지리에 대 해 조사한다. 이야기를 하는 데 도움이 될 수 있 는 간단한 지도를 만든다. 이 지도를 예수님의 십자가에 못박히심과 부활을 이야기할 때 사용 한다.

성경 퀴즈 기본 문제

아이들의 성경 퀴즈 준비를 위해 마태복음 26:31-56을 읽어 준다.

1 예수님은 부활하시면 어디로 갈 거라고 말씀하셨습니까? (26:32)

  1. 갈릴리

  2. 로마

  3. 예루살렘

2 "내가 주와 함께 죽더라도 주를 부인하지 않겠나이다" 라고 말한 사람은 누구입니까? (26:35)

  1. 유다

  2. 요한

  3. 베드로

3 예수님이 겟세마네 동산에서 기도하실 때 데려가신 제자들은 누구입니까? (26:37)

  1. 마가, 요한, 유다

  2. 베드로와 세베대의 두 아들

  3. 베드로와 유다

4 겟세마네 동산에서 기도하실 때 예수님은 어떤 기분이 드셨습니까?? (26:37)

  1. 슬픔에 차셨다.

  2. 고통스러워 하셨다.

  3. 위의 답 모두

5 예수님은 겟세마네에서 기도하실 때 어떻게 하셨습니까? (26:39)

  1. 얼굴을 땅에 대셨다.

  2. 바위 위에 앉으셨다.

  3. 서 계셨다.

6 예수님은 겟세마네에서 기도하실 때 하나님께 무엇을 해달라고 기도하셨습니까? (26:39)

  1. "이 잔을 내게서 지나가게 하옵소서."

  2. "그러나 나의 원대로 마옵시고 하나님의 원대로 하옵소서."

  3. 위의 답 모두

7 예수님께서 제자들이 잠든 것을 보시고 베드로에게 어떻게 말씀하셨습니까? (26:40)

  1. "왜 나를 실망시키느냐?"

  2. "나와 함께 한 시간도 깨어 있을 수 없더냐?"

  3. "유다를 보았느냐?"

8 유다가 예수님을 잡기 위해 사람들에게 약속한 신호는 무엇이었습니까? (26:48)

  1. 악수

  2. 입맞춤

  3. 포옹

9 사람들이 나와서 예수님을 잡고 체포했을 때, 어떤 일이 일어났습니까? (26:50-51)

  1. 예수님과 함께 있던자 중 한 명이 대제사장의 종의 귀를 베었다.

  2. 잡으러 온 사람들이 죽었다.

  3. 위의 답 모두

10 예수님이 잡히신 후에, 제자들은 어떻게 했습니까? (26:56)

  1. 다시 잤다.

  2. 마지막까지 예수님과 함께 있었다.

  3. 예수님을 버리고 도망쳤다.

성경 퀴즈 고급 문제

아이들의 성경 퀴즈 준비를 위해 마태 복음 26:31-56을 읽어 준다..

1 예수님은 닭이 세 번 울기 전에 무슨 일이 일어난다고 하셨습니까? (26:34)

1. 바리새인들이 예수님을 잡으러 온다.
2. 사람들이 예수님을 박해한다.
3. 하나님이 예수님을 죽은 자들 가운데서 살리신다.
4. 베드로가 예수님을 부인한다.

2 예수님은 겟세마네에 왜 가셨습니까? (26:36)

1. 금식하시려고
2. 기도하시려고
3. 혼자 계시려고
4. 유월절을 지키시기 위해

3 예수님이 겟세마네 동산에 기도하러 가셨을 때 베드로, 야고보, 요한에게 어떻게 말씀하셨습니까? (26:37-38)

1. "내가 올 때까지 평안하게 있어라."
2. "여기서 좀 쉬고 있어라."
3. "여기 머물러 나와 함께 깨어 있으라."
4. "입구에 가서 살피고 있어라."

4 예수님께서는 겟세마네 동산에서 첫번째 어떻게 기도하셨습니까? (26:39)

1. "내 아버지여, 만일 할만하시거든 , 이 잔을 내게서 지나가게 하옵소서. 그러나 나의 원대로 마옵시고 아버지의 원대로 하옵소서."
2. "저는 죽을 준비가 되었나이다."
3. "아버지여, 천사를 보내 저를 도와 주소서."
4. "저의 제자들을 도와 주시옵소서."

5 예수님이 제자들에게 가셨을 때, 어떤 상황이었습니까? (26:40)

1. 도적떼가 있었다.
2. 제자들이 잠들어 있었다.
3. 제자들이 식사 준비를 해 놓았다.
4. 독뱀이 있었다.

6 예수님이 첫번째 내려 오셔서 제자들이 잠들어 있는 것을 보셨을 때 얼마나 기도하신 후였습니까? (26:40)

1. 1시간
2. 20분
3. 2시간
4. 10분

7 군사들이 예수님을 잡으러 왔을 때 예수님은 어떻게 말씀하셨습니까? (26:45)

1. "인자가 거짓말쟁이들의 손가락에 팔리느니라."
2. "인자가 사자들의 팔에 팔리느니라."
3. "인자가 뱀의 입에 팔리느니라."
4. "인자가 죄인들의 손에 팔리느니라."

8 겟세마네에서 유다는 예수님께 어떻게 하였습니까? (26:47-49)

1. 예수님과 함께 기도했다.
2. 예수님을 배신했다.
3. 예수님을 당황시켰다.
4. 예수님을 때렸다.

9 유다와 함께 온 자들은 유다가 예수님께 나아가 입 맞추자 어떻게 했습니까? (26:50)

1. 제자들을 죽이려고 했다.
2. 두려워서 땅바닥에 엎드렸다.
3. 예수님을 붙잡아 체포했다.
4. 도망쳤다.

10 다음 요절을 완성하세요: "조금 나아가사 얼굴을 땅에 대시고 엎드려 기도하여 이르시되 내 아버지여 만일 할만하시거든..." (마 26:39)

1. "저를 살려 주셔서 사람들이 이 땅 위에서 아버지의 영광을 보게 하소서."
2. "제가 아버지의 이름에 영광을 돌리기까지 해가 뜨지 않게 하옵소서."
3. "이 잔을 내게서 지나가게 하옵소서. 그러나 나의 원대로 마옵시고 아버지의 원대로 하옵소서."
4. "이들의 죄를 용서하옵소서."

제 17 공과

마태복음 26:57-27:5

암송 요절

"이에 예수께서 제자들에게 이르시되 누구든지 나를 따라오려거든 자기를 부인하고 자기 십자가를 지고 나를 따를 것이니라" (마태복음 16:24)

성경의 진리

다른 사람들은 하나님을 거역했을지라도 예수님은 끝까지 하나님께 신실함을 지켰다.

요점

이번 공과에서는, 다른 사람들이 예수님을 배신하고, 부인하고, 그에 대해 거짓말을 했을지라도 예수님은 우리를 구원하시기 위한 하나님의 계획을 이행하는데 충실하셨다는 사실을 배우게 된다.

교사를 위한 도움의 말

다른 공과에서 배운 어휘들을 복습한다. 이번 공과에서 사용될 몇 가지 중요한 용어 중에는 가야바, 대제사장, 인자 등이 있다.

성경 해설

이번 본문에서 우리는 확실한 대조를 볼 수 있다. 예수님은 모든 일에 있어서 하나님께 신실하셨다. 신실하게 행동했어야 하는 사람들 중에는 그렇지 못한 이들도 있었다. 가장 사악하게 공격한 이들은 대제사장들과 공회였다.

공회는 제사장들과, 바리새인들, 사두개인들, 그리고 몇 가정의 장로들로 구성되어 있었다. 로마인들은 공회에 유대인들의 문제를 다룰 권한을 주었다. 공회의 위원들은 신성함과 공정함의 사도들이었다. 그러나, 공회는 예수님을 비난하기 위해 어떤 행동이든 하였다. 하나님의 영광을 위한다는 명목 하에, 그들은 예수님의 적이라는 사실을 드러내고 말았다.

유다는 예수님의 제자 중 한 명으로서 믿을 만한 모습을 갖추어야 했다. 그러나, 그는 대제사장들의 사악함에 동참했다. 그는 후에 양심의 가책을 느꼈지만, 후회하고 하나님께 용서를 구하지는 못했다. 그는 대신 절망에 빠져 자살하고 말았다.

우리는 베드로와 유다는 신실한 모습을 보여줄 수 있을 만한 사람들이었다고 생각하기 쉽다. 그러나, 베드로는 위협이 느껴지자마자 바로 거짓말을 했다. 하지만, 그는 유다와는 달리, 자신의 신실하지 못함을 뉘우쳤다.

하나님의 성품

» 예수님은 다른 사람들이 하나님의 뜻을 따르지 않을 때에도 그의 뜻을 따르셨다.
» 예수님은 하나님께 신실함을 지키셨다.

신앙의 어휘

신실하다는 것은 의지와 신뢰를 보이는 것이다. 하나님은 늘 신실하시다. 우리는 그가 약속을 꼭 지키신다는 것을 믿을 수 있다. 하나님은 그의 백성들도 하나님과 다른 사람들에게 신실하기를 바라신다.

인물

공회는 유대인들의 입법 기관이고 대법원이었다. 공회는 71명의 위원으로 구성되어 있었다. 그들은 대제사장, 장로, 율법사들이었다. 대제사장은 이들의 지도자였다.

전능하신 분은 하나님을 부르는 호칭이다.

대제사장들은 성전에서 고위직을 담당하고 있는 제사장들이다. 그들은 공회의 위원들이었다.

장소

하나님의 성전은 예루살렘의 성전이다.

기타 어휘

신성 모독은 하나님을 저주하고, 존경하지 않거나 자신이 하나님이라고 하는 말이나 행동이다.

활동

본 활동을 위해서 다음의 준비물이 필요하다.

» 십자가를 만들기 위한 여러 가지 재료
(구슬, 가죽, 못, 찰흙, 나무)

아이들이 작은 십자가를 만들 수 있도록 여러 가지 재료를 공급한다. 어린이들에게 미리 만든 예를 보여 준다. 십자가를 만드는 순서를 하나씩 보여 준다. 가능하다면, 만든 십자가 위에 암송 요절을 쓸 수 있도록 도와준다.

성경의 가르침

수업을 시작하기 전, 마태복음 26:57-27:5에서 응용한 다음의 이야기를 준비한다.

사람들은 예수님을 잡아 대제사장 가야바에게 데려 가려고 했습니다. 베드로는 일이 어떻게 되는지 보려고 이 사람들을 쫓아 안마당으로 들어 갔습니다. 대제사장들과 공회는 예수님을 죽이고 싶었기 때문에 예수님에 대해 거짓 증거를 찾고 있었습니다. 많은 사람들이 거짓 증언을 했지만 증거는 없었습니다. 결국 두 사람이 앞으로 나왔습니다.

그들은 이 사람은 자기는 하나님의 성전을 헐고 삼일만에 다시 지을 수 있다고 말했다고 했습니다.

대제사장은 예수님께 이에 대한 대답을 하라고 했지만, 예수님은 침묵을 지키셨습니다.

대제사장은 "네가 하나님의 아들 그리스도인지 말하여라." 라고 말했습니다.

예수님은 대답하셨습니다. "너희들이 말하는 그대로다. 너희들은 후에 인자가 전능하신 자의 오른 편에 앉아 있는 것을 보게 될 것이다."

대제사장은 화가 나서 그의 옷을 찢으며, "그가 신성 모독을 하였다!" 라고 말하였습니다.

다른 사람들도 "그는 죽어야 마땅하다."고 외쳤습니다. 그리고 그들은 예수님의 얼굴에 침을 뱉고 주먹으로 쳤습니다. 그런 후에 예수님을 놀리며 이렇게 말하였습니다. "그리스도여, 우리에게 예언하여 보아라. 누가 너를 때렸느냐?"

베드로가 바깥 뜰에 있을 때 한 여종이 말했습니다. "당신도 갈릴리의 예수와 함께 있었던 자요."

베드로는 부인했습니다. "나는 네가 무슨 말을 하는지 모르겠다."

베드로가 바깥 뜰을 나왔을 때, 다른 여종이 "이 자도 나사렛 예수와 함께 있었소." 하고 말했습니다.

베드로는 맹세하며 또 부인했습니다. "나는 그 자를 모르오!"

또 다른 사람들이 베드로에게 와서 "너는 분명 그들 중에 하나이다, 너의 말투가 그걸 말해주고 있다." 라고 말했습니다.

베드로는 그들에게 맹세하며, "나는 그를 모르오!" 라고 말했습니다.

그러자 곧 닭이 울었습니다. 베드로는 예수님께서 "닭이 울기 전에, 너는 나를 세 번 부인할 것이다" 라고 말씀하셨던 것을 떠올렸습니다.

베드로는 밖으로 나가 슬피 울었습니다.

이른 아침, 모든 대제사장들과 장로들은 예수님을 죽이기로 결정하기 위해 모였습니다. 그들은 예수님을 묶어 총독 빌라도에게 데리고 갔습니다.

유다는 죄책감을 느꼈습니다. 그는 은 30개를 대제사장들과 장로들에게 돌려 주었습니다.

"내가 무고한 자를 넘겨 주었소." 유다는 이렇게 말했습니다.

그러자 대제사장들과 장로들은 "그것이 우리와 무슨 상관이냐?" 라고 대답했습니다.

그러자 유다는 돈을 성전에 집어 던지고 그 곳을 떠났습니다. 그리고 스스로 목숨을 끊었습니다.

아이들이 다음 질문에 답할 수 있도록 도와준다. 맞고 틀린 답은 없다. 이 질문들은 어린이들이 이야기를 잘 이해하고 자신들의 삶에 적용할 수 있는데 도움이 될 것이다.

1. 공회는 왜 예수님에 대한 거짓 증언을 찾으려고 했습니까? 그들이 원하던 거짓 증언들은 어떤 것들이었다고 생각합니까?

2. 가야바는 예수님이 하나님의 아들이었다고 믿었습니까? 여러분의 답이 왜 그런지 설명해 보세요.

3. 공회는 왜 예수님을 죽이기로 결정했습니까?

4. 베드로는 자신이 예수님을 부인했을 때 어떤 생각으로 그랬을까요? 그가 예수님을 부인한 후에는 어떤 느낌이 들었을까요?

5. 유다는 예수님을 배신하기 전, 배신하는 동안, 배신한 후에 어떤 생각이 들었을 거라고 생각합니까?

이렇게 말한다: 좋은 친구는 소중한 것입니다. 모든 사람들은 좋은 친구가 필요합니다. 정말 좋은 친구는 모든 사람들이 여러분을 버려도 항상 여러분 옆에 서 있습니다. 여러분은 여러분이 기댈 수 있고 여러분을 도와주는 친구가 있습니까?

예수님에게도 좋은 친구들이 있었습니다. 바로 그의 제자들이었습니다. 예수님은 베드로, 야고보, 요한과 많은 시간을 보냈습니다. 그러나, 예수님이 어려움을 당했을 때, 그의 친구들은 그를 버렸습니다. 그 중 한 명은 자신은 예수를 모른다고 세 번이나 부인하였습니다.

우리의 친구들은 우리를 실망시킬 수 있습니다. 그러나, 예수님은 우리의 영원한 친구이십니다. 여러분은 예수님을 믿어도 됩니다. 그는 하나님에 대한 신실함을 지켰습니다. 그는 여러분에게도 신실함을 지킬 것입니다.

암송 요절

본문의 암송 요절을 연습한다. 137-138쪽에서 몇 가지 제안을 찾을 수 있다.

추가 활동

어린이들의 효과적인 성경 공부를 위해 다음 중 선택 추가할 수 있다.

1. 우리 나라의 사법 기관에 대해 조사해 봅시다. 재판 중에는 어떤 일이 일어납니까? 판사는 증거를 어떻게 취급합니까? 우리 나라의 사법 관행은 공회의 예수님의 재판과 어떻게 다릅니까?

2. 베드로와 유다의 삶을 비교하고 대조해 봅시다. 마태복음에 나와 있는 그들의 이야기를 읽어 봅시다. 그들의 삶 속에서 어떤 성격이 보입니까? 오늘 읽은 본문에 나온 그들의 행동과 어떻게 비슷합니까? 두 사람은 각각 자신의 죄책감을

어떻게 다루었습니까? 찾은 사실들을 표로 만들
어 봅시다. 베드로에 관해 더 많은 사실을 찾아
보기 위해 사도행전을 읽어 봅시다.

성경 퀴즈 기본 문제

아이들의 성경 퀴즈 준비를 위해 마태복음 26:57-27:5을 읽어 준다.

1 사람들이 예수님을 체포한 후 어디로 데리고 갔습니까? (26:57)
1. 헤롯왕에게
2. 베드로에게
3. 가야바에게

2 예수님이 붙잡히신 후 누가 거리를 두고 그를 따라 갔습니까? (26:57-58)
1. 요한
2. 베드로
3. 바울

3 대제사장들과 공회는 예수님의 재판 중에 무엇을 찾으려고 했습니까? (26:59)
1. 예수님을 고소할 참된 증인들
2. 예수님에 대한 사실적 증거
3. 예수님에 대한 거짓 증거

4 대제사장이 예수님께 그가 진정 그리스도인지 사람들에게 대답하라고 하였습니다. 예수님은 어떻게 답하셨습니까? (26:63-64)
1. "네가 말하였느니라."
2. "나는 그리스도가 아니다."
3. "사람들에게 물어 보아라."

5 대제사장이 예수님이 신성 모독을 하였다고 말하자 사람들이 어떻게 하였습니까? (26:65,67)
1. 예수님의 손을 잡고 악수했다.
2. 예수님께 침을 뱉고 때렸다.
3. 예수님의 신변을 보호하였다.

6 사람들은 베드로가 예수님과 함께 한 사람이라는 것을 어떻게 알 수 있다고 하였습니까? (26:73)
1. 그의 머리
2. 그의 말투
3. 그의 옷차림

7 베드로가 예수님을 세 번 부인한 후 어떤 일이 일어났습니까? (26:69-74)
1. 닭이 울었다.
2. 야고보와 요한은 베드로에게 예수님이 하신 말씀을 상기시켜 주었다.
3. 군사가 와서 베드로를 체포했다.

8 대제사장들과 장로들이 예수님의 재판이 끝나고 무엇을 결정하였습니까? (27:1)
1. 풀어 주기로
2. 죽이기로
3. 감옥에 넣기로

9 "내가 무죄한 피를 팔고 범죄하였도다" 라고 말한 사람은 누구입니까? (27:4)
1. 가야바
2. 베드로
3. 유다

10 유다는 예수님을 팔고 받은 돈을 어떻게 하였습니까? (27:5)
1. 우물 속에 던져 버렸다.
2. 가난한 사람들에게 나누어 주었다.
3. 성전 안에 던져 버렸다.

성경 퀴즈 고급 문제

아이들의 성경 퀴즈 준비를 위해 마태복음 26:57-27:5를 읽어 준다.

1 대제사장들과 공회는 예수님의 재판 중에 무엇을 찾고 있었습니까? (26:59)

1. 예수님에 관한 진실
2. 예수님이 참 구세주라는 증거
3. **예수님을 죽일 만한 거짓 증거**
4. 위의 답 모두

2 예수님의 재판 중 거짓 증언들이 끝난 후 예수님은 어떻게 반응하셨습니까? (26:60-63)

1. 자신을 대변하셨다.
2. 혼란스러워 보이셨다.
3. **침묵을 지키셨다.**
4. 도망치려고 하셨다.

3 가야바가 예수님이 하나님의 아들 그리스도인지 물었을 때 어떻게 답하셨습니까? (26:63-64)

1. **"네가 말하였느니라"**
2. "나는 그가 아니다."
3. "사람들에게 물어 보아라."
4. 위의 답 모두

4 예수님은 공회가 앞으로 무엇을 보게 될 것이라고 하셨습니까? (26:64)

1. **"이 후에 인자가 권능의 우편에 앉아 있는 것과 하늘 구름을 타고 오는 것을 너희가 보리라."**
2. "하나님의 영광을 보리라."
3. "무덤에서 구세주가 나오는 것을 보리라."
4. "새 하늘과 새 땅을 보리라."

5 대제사장은 예수님이 신성 모독을 하였다고 말하면서 어떤 행동을 하였습니까? (26:65)

1. 땅에 무릎을 꿇고 하나님께 예수님을 용서해 달라고 기도했다.
2. 예수님을 때렸다.
3. **자신의 옷을 찢었다.**
4. 재판장에서 뛰쳐 나갔다.

6 한 여종이 베드로가 바깥 뜰에 앉아 있는 것을 보았을 때 어떻게 말했습니까? (26:69)

1. **"그가 갈릴리에서 온 예수와 함께 있었소."**
2. "그는 예수님을 배반한 자요."
3. "그도 곧 잡히게 될 것이요."
4. 위의 답 모두

7 베드로가 두 번째로 그가 예수님과 함께 있었던 자라는 말을 들었을 때 어떻게 반응했습니까?? (26:71-72)

1. **"나는 그를 모르오!"**
2. "나는 그의 친구였으나 이제는 더 이상 아니오."
3. "나는 그가 내 친구임이 자랑스럽소."
4. 위의 답 모두

8 베드로는 자신이 예수님을 세 번 부인할 거라고 예수님께서 말씀하셨던 것을 기억하고 어떻게 하였습니까? (26:75)

1. **밖으로 나가서 슬피 통곡하였다.**
2. 예수님께 뛰어 가서 용서를 빌었다.
3. 도망쳐 성전 안에 숨었다.
4. 위의 답 모두

9 대제사장들과 장로들이 돈을 돌려 받지 않겠다고 했을 때 유다는 어떻게 했습니까? (27:5)

1. **스스로 목숨을 끊었다.**
2. 예수님이 도망갈 수 있도록 도와 드렸다.
3. 나사렛으로 도망쳐 숨었다.
4. 예수님께 용서를 구하였다.

10 다음 요절을 완성하세요: "예수께서 제자들에게 이르시되 누구든지 나를 따라 오려거든 자기를 부인하고..." (마 16:24)

1. "자기의 부하를 데리고 나를 따를 것이니라."
2. **"자기의 십자가를 지고 나를 따를 것이니라."**
3. "자기의 밧줄을 가지고 나를 따를 것이니라."
4. "자기의 자리를 들고 나를 따를 것이니라."

제 18 공과

마태복음 27:11-31

암송 요절

"그리스도라 하는 예수를 내가 어떻게 하랴" (마태복음 27:22a)

성경의 진리

예수님은 사람들이 예수님께 어떻게 반응할지 결정할 수 있는 선택의 기회를 주신다.

요점

이번 공과는 아이들이 예수님께 어떻게 반응할지 결정할 수 있다는 사실을 가르쳐 준다.

교사를 위한 도움의 말

성경 공부를 이끌면서, 사람들이 예수님께 반응하는 방법이 다른 것에 초점을 둔다. 특별히 빌라도라는 인물과 예수님의 죽음에 영향을 준 그의 역할에 대해 역점을 둔다.

성경적 배경

이번 공과는 여러 사람들이 예수님께 반응하는 방법이 모두 다른 것을 볼 수 있게 해 준다. 로마 총독 빌라도는 예수님을 지지할 수 있는 선택의 기회를 갖고 있었다. 유대인들은 로마의 법을 따라야 했기 때문에, 자신들은 사형을 결정할 권한이 없었다. 그들은 이를 위해 빌라도의 허락이 필요했다.

빌라도는 예수님이 로마의 법에 비추어 무죄라고 생각했다. 그는 유대 지도자들이 예수님을 따르는 무리의 수와 지도력을 무척 질투하고 있는 것을 알았다. 빌라도는 예수님을 사형에 처하든지, 아니면 유대인들이 자신에게 반란을 일으킬지 모르는 상황에 대응할 준비를 해야 했다. 빌라도는 그러한 책임을 회피하고 예수님의 사형을 허락했다.

또한, 사람들 역시 예수님에 대한 반응을 결정할 기회가 있었다. 빌라도는 그들에게 두 사람의 사형수, 즉 예수님과 바라바 중 한 사람을 살려줄 수 있는 기회를 주었다. 사람들은 예수님이 강력한 정치적 지도자라고 생각했다. 예수님이 그들의 이러한 기대에 미치지 못하자, 차라리 바라바를 풀어 주라고 했다. 그들은 로마인들이 예수님을 십자가에 못 박기를 원했다.

하나님의 성품

» 예수님은 다른 사람들이 그를 잘못 대할 때 맞대어 싸우지 않으셨다.
» 예수님은 우리가 그를 따르기로 선택하기를 원하신다.

신앙의 어휘

선택이란 우리가 무엇을 할지를 결정하는 것이다. 우리는 하나님을 따를 때 옳은 결정을 할 수 있다. 하나님께 순종하지 않을 때 잘못된 선택을 하게 된다.

인물

바라바는 살인과 강도로 감옥에 갇혔던 죄수이다.

빌라도는 유다와 사마리아를 다스리던 로마의 총독이다. 유대인들 사이에 평화를 유지하는 일은 그의 책임이었다.

사물

채찍질하는 것은 채찍이나 매로 사람을 때리는 것이다.

십자가에 못박는 것은 죄로 인해 사람을 십자가에 매달아 처형하는 것이다.

관정은 로마 총독의 본부였다.

활동

본 활동을 위해 다음의 준비물이 필요하다.

» 분필, 보드 마커, 또는 싸인펜
» 칠판, 화이트 보드, 또는 큰 종이 한 장

수업을 시작하기 전, 다음 질문들을 판 위에 써서 아이들이 볼 수 있는 곳에 진열해 놓는다.

예수님은 누구십니까?
    예수님은 하나님의 아들이십니다.

예수님은 여러분을 위해 무엇을 하셨습니까?
    예수님은 우리의 죄를 위해 돌아가셨습니다.

그렇다면, 그리스도라고 불리는 예수님께 어떻게 하겠습니까?
    저의 구세주로 받아들이겠습니다.

여러분은 다른 사람들이 예수님을 알게 되는 일을 어떻게 도울 수 있습니까?
    저는 예수님이 누구신지 말하고 사람들의 죄를 위해 예수님이 하신 일에 대해 말하겠습니다.

만약에 다른 사람들이 예수님을 따르기를 거부한다면, 여러분은 어떻게 하겠습니까?
    저는 그래도 계속 예수님을 따를 것입니다.

이렇게 말한다: 오늘 선생님이 써 온 문장들을 함께 읽어 봅시다. 선생님이 질문을 읽으면, 여러분은 대답을 읽으세요.

예수님은 우리에게 그를 따를 것인지 따르지 않을 것인지를 결정할 선택권을 주셨습니다. 우리가 그를 따르기를 원하시지만, 우리에게 강요하지는 않으십니다. 상황이 허락되면, 아이들에게 예수님을 구세주로 영접하고 가장 좋은 친구로 삼고 싶은 아이가 있는지 물어본다. 마무리 기도를 하면서, 하나님께 모든 아이들이 예수님을 믿고 따를 수 있도록 도와달라고 기도한다.

성경의 가르침

수업을 하기 전, 마태복음 27:11-31에서 응용한 다음의 이야기를 준비한다.

예수님은 총독 본디오 빌라도에게 가셨습니다. 총독은 예수님께 물었습니다. "네가 유대인의 왕이냐?"

예수님은 대답하셨습니다. "네가 말한 그대로이다."

대제사장들과 장로들은 예수님에 대한 여러 가지 죄명을 붙였습니다. 그러나, 예수님은 그들에게 아무런 대꾸도 하지 않으셨습니다. 빌라도는 예수님의 그러한 태도에 놀랐습니다.

매년, 유월절 명절 기간에 빌라도는 모인 군중들이 고르는 죄수 한 사람을 놓아 주었습니다. 이번에는 바라바라는 죄수가 있었습니다. 빌라도는 사람들에게 "올해에는 예수와 바라바 중 누구를 풀어 주기 원하느냐?"고 물었습니다.

빌라도가 재판석에 앉기 전에, 그의 부인으로부터

전갈을 받았습니다. 그것은 "저 무고한 사람과 아무런 상관을 마세요. 어젯밤 꿈 속에서 그 사람으로 인해 계속 시달림을 받았어요." 라는 내용이었습니다. 그러나, 대제사장들은 빌라도가 예수 대신에 바라바를 놓아 주기를 원했습니다.

빌라도는 다시 물었습니다. "내가 너희에게 누구를 내어 주랴?" 사람들은 다시 바라바를 풀어 줄 것을 주장했습니다. 빌라도는 "내가 이 예수를 어쩌면 좋겠는가?" 하고 물었습니다.

사람들은 "십자가에 못 박으시오!" 라고 외쳤습니다.

빌라도는 "내가 왜 그를 십자가에 못 박아야 하느냐? 그의 죄목이 무엇이냐?" 고 물었습니다.

그러나, 사람들은 더 크게 외치며 "예수를 십자가에 못 박으시오!" 라고 말했습니다.

빌라도는 군중들이 동요하는 것을 느꼈습니다. 폭동이 일어날 수 있는 상황이라는 것을 알았습니다 . 이로 인해, 빌라도는 물이 담긴 대야를 가져와 손을 씻고 말했습니다. "나는 이 자의 피와 아무 상관없다. 너희가 책임을 져라."

사람들은 "그의 피를 우리와 우리 자손에게 돌리시오!" 라고 말했습니다. 그러자, 빌라도는 바라바를 놓아 주었습니다. 빌라도는 군사들이 예수를 채찍질하게 했습니다. 그리고 예수를 십자가에 못 박도록 사람들에게 내어 주었습니다.

군사들은 예수님을 관정으로 데리고 갔습니다. 그들은 예수님의 겉옷을 벗기고 주홍색 의복(홍포)을 입혔습니다. 그들은 가시로 면류관을 만들어 예수님의 머리에 씌웠습니다. 그의 손에 갈대 지휘봉도 쥐어 주었습니다. 그리고 그 앞에 무릎을 꿇고 "유대인의 왕이여 평안하소서!" 라며 놀렸습니다. 그들은 예수님께 침을 뱉고 머리를 계속 때렸습니다. 군사들이 예수님을 조롱한 후에, 예수님의 옷으로 다시 갈아 입혔습니다. 그리고 십자가에 못 박으러 예수님을 끌고 나갔습니다.

아이들이 다음 질문에 대답할 수 있도록 도와준다. 맞고 틀린 답은 없다. 이 질문들은 아이들이 이야기를 잘 이해하고 자신들의 삶에 적용하는데 도움이 될 것이다.

1. 왜 예수님은 자신에 대한 비난에 아무런 대꾸를 하지 않았을까요?
2. 왜 빌라도는 그의 아내의 걱정에 따른 행동을 하지 않았을까요? 여러분은 친구에게 충고를 해 주었는데 그가 따르지 않았던 경험이 있습니까?
3. 빌라도는 그의 손을 씻고 예수님의 죽음에 책임이 없다고 말했습니다. 여러분은 빌라도가 정말 죄가 없다고 생각합니까? 여러분은 예수님의 죽음에 대한 가장 큰 책임은 누구에게 있다고 생각합니까?

아이들에게 말한다: 우리는 매일 우리의 삶에 대한 선택을 하며 삽니다. 어떤 선택들은 우리의 삶에 큰 영향을 주지는 않습니다. 또 어떤 선택들은 우리의 삶에 중요한 변화를 가져다 주기도 합니다. 군중들과 빌라도는 선택을 해야만 했습니다. 그들은 예수님을 못박는 선택을 했습니다. 그들의 선택은 역사의 길을 바꾸어 놓았습니다.

오늘날 사람들은 이와 똑같은 질문 앞에 놓이게 됩니다. "여러분은 예수님께 어떻게 반응할 것입니까?" 이 질문에 대한 여러분의 반응은 여러분의 인생길을 바꿀 것입니다. 이 질문에 대한 해답을 갖고 있습니까? 여러분은 어떤 선택을 하였습니까?

암송 요절

본문의 암송 요절을 연습한다. 몇 가지 아이디어가 138-139쪽에 나와 있다.

추가 활동

어린이들의 효과적인 성경 공부를 위해 다음 활동 중 추가 선택할 수 있다.

1. 아이들에게 자신이 오늘 본문에 나온 인물 중의 한 명이라고 상상하게 한다. **예수님의 재판 중에 어떻게 반응하겠습니까? 다른 친구들의 반응과 어떻게 다릅니까?**

2. 반 전체가, 예수님의 죽음에 대한 가장 큰 비난을 받아야 하는 사람은 누구인지 토론한다. 재판을 열어, 이야기에 나오는 인물들을 대변하거나 고소하는 증거들을 찾아본다.

성경 퀴즈 기본 문제

아이들의 성경 퀴즈 준비를 위해 마태복음 27:11-31을 읽어 준다.

1 예수님은 빌라도가 "네가 유대인의 왕이냐?" 라고 물었을 때 어떻게 대답하셨습니까? (27:11)

  1. "아니다."

  2. "네 말이 옳도다."

  3. "무엇을 알기 원하느냐?"

2 빌라도는 예수님이 어떠한 비난에도 대꾸하지 않으시자 어떤 느낌을 받았습니까? (27:14)

  1. 만족스러웠다.

  2. 슬펐다.

  3. 놀라웠다.

3 총독이 명절에 행하는 관습은 무엇이었습니까? (27:15)

  1. 죄수 한 명을 풀어 주는 것

  2. 죄인을 감옥에 넣는 것

  3. 죄인을 십자가에 매다는 것

4 빌라도는 바라바와 예수를 놓고 사람들에게 어떤 선택의 기회를 주었습니까? (27:17)

  1. 둘 다 감옥에 넣도록

  2. 예수나 바라바 중 한 명을 풀어 주도록

  3. 둘 다 십자가에 매달도록

5 예수와 아무 상관없이 행동하라고 빌라도에게 말해 준 사람은 누구입니까? (27:19)

  1. 빌라도의 아내

  2. 주님의 천사

  3. 예수님의 어머니 마리아

6 바라바를 풀어 주라고 군중들을 설득한 사람은 누구입니까? (27:20)

  1. 유다

  2. 대제사장들과 장로들

  3. 예수님의 제자들

7 군중들은 빌라도에게 예수를 어떻게 하라고 했습니까? (27:22)

  1. "풀어 주어라!"

  2. "돌을 던져라!"

  3. "십자가에 못 박아라!"

8 "그의 피를 우리와 우리 자손들에게 돌릴지어다" 라고 말한 사람은 누구입니까? (27:25)

  1. 대제사장들과 장로들

  2. 빌라도와 헤롯

  3. 예수님을 저주한 군중들

9 군인들이 예수님께 입힌 의복은 무슨 색깔이었습니까? (27:28)

  1. 군청색

  2.주홍색

  3. 흰색

10 군사들은 예수님을 십자가에 못 박기 전에 어떤 행동을 하였습니까? (27:30-31)

  1. 그에게 침을 뱉고, 머리를 쳤다.

  2. 그를 짓밟았다.

  3. 예루살렘 주위에 끌고 다녔다.

성경 퀴즈 고급 문제

아이들의 성경 대회 준비를 위해, 마태복음 27:11-31을 읽어 준다.

1 예수님은 "네가 유대인의 왕이냐?" 라고 묻는 빌라도의 질문에 어떻게 대답하셨습니까? (27:11)

1. 아무 말도 안하셨다.
2. **"네 말이 옳도다"**
3. "인자는 많은 사람들을 용서하기 위해 피를 흘리려고 왔느니라."
4. 이사야 53장을 인용하셨다.

2 빌라도는 왜 군중들에게 죄수 한 사람을 풀어 줄 선택권을 주었습니까? (27:15)

1. **그것이 명절 중 총독이 행하던 관습이었기 때문이다.**
2. 대제사장을 두려워했기 때문이다.
3. 예수님을 풀어줄 권한이 없었기 때문이다.
4. 위의 답 모두

3 바라바는 누구입니까? (27:16)

1. 악명 높은 정치가
2. 예수님의 형제
3. 제자
4. **악명 높은 죄수**

4 사람들은 시기로 인해 재판에서 어떻게 했습니까? (27:18)

1. **예수님을 빌라도에게 넘겨 주었다.**
2. 예수님께 가시관을 씌웠다.
3. 예수님을 헤롯에게 넘겨주었다.
4. 예수님을 채찍질했다.

5 빌라도의 부인은 예수님의 재판이 열리는 동안 빌라도에게 어떤 말을 전했습니까? (27:19)

1. "당신이 예수를 십자가에 못박아 주세요."
2. **"오늘 예수로 인해 꿈 속에서 시달림을 받았어요."**
3. "당신이 내리는 결정을 알려 주세요."
4. "바라바를 풀어 주셔야 해요."

6 군중들은 왜 소동을 피우기 시작했습니까? (27:24)

1. 예수님이 화를 내기 시작해서서
2. **빌라도가 예수님을 대변하려고 해서**
3. 바라바가 폭력을 휘두르기 시작해서
4. 빌라도가 사람들을 성전으로 보내기 시작해서

7 군중들은 예수님의 죽음에 대한 책임에 대해 어떻게 말했습니까? (27:25)

1. **"그의 피를 우리와 우리의 자손들에게 돌리라."**
2. "그것은 당신의 책임이요."
3. "그의 피는 바리새인들과 사두개인들의 책임이요."
4. "예수를 은 30개에 판 것은 유다요. 예수의 피는 유다에게 책임이 있소."

8 빌라도는 손을 씻은 후, 무엇을 했습니까? (27:26)

1. 바라바를 놓아 주었다.
2. 예수를 채찍질했다.
3. 예수를 십자가에 못박으라고 내 주었다.
4. **위의 답 모두**

9 군사들이 예수님을 못박기 전에 그에게 사용한 세 가지 물건은 무엇입니까? (27:28-29)

1. 주홍색 의복, 가시 면류관, 신발
2. 주홍색 의복, 홀, 포도주
3. **주홍색 의복, 가시 면류관, 갈대 지휘봉**
4. 가시 면류관, 포도주, 홀

10 다음 요절을 완성하세요: "그러면 .....를 내가 어떻게 하랴?" (27:22)

1. "배신자 유다"
2. **"그리스도라 하는 예수"**
3. "인자라고 불리는 예수"
4. "죄수 바라바"

제 19 공과

마태복음 27:32-56

암송 요절

"하나님이 세상을 이처럼 사랑하사 독생자를 주셨으니 이는 그를 믿는 자마다 멸망하지 않고 영생을 얻게 하려 하심이라" (요한복음 3:16)

성경의 진리

예수님은 모든 사람들, 심지어는 그의 적들도, 죄로 부터 구원을 받게 하기 위하여 고통을 달게 받으시고 돌아가시기까지 하셨다.

요점

이번 공과에서는, 예수님께서 우리의 죄 사함을 위해 십자가에서 돌아가신 것에 대해 배우게 된다.

교사를 위한 도움의 말

마태 복음에 나온 예수님의 고난은 다른 복음서에 비해 비교적 생생하게 적혀 있지 않다. 그래도 이번 본문 말씀은 어떤 아이들에게는 충격으로 다가올지 모른다. 혹시 예수님께서 십자가에 못 박히신 일에 대해 더 자세히 물어보는 아이가 있다면, 죽음과 관련된 무서운 내용들을 충분히 소화할 수 없는 아이일 경우 조심해서 다루어야 한다.

성경 해설

예수님이 십자가에 못 박히셨을 때, 그는 유대인과 이방인들에게 버림받은 것을 견디셔야 했다. 유대인들은 예수님이 하나님의 아들이라고 했기에 그를 버렸고, 이방인들은 그가 왕이라고 주장했기에 그를 버렸다.

예수님의 죽음 이후, 많은 이변적인 일들이 일어났다. 성전의 휘장은 위로부터 아래까지 쫙 찢어졌다. 이 사건은 믿는 자들이 이제 하나님과 직접 대화할 수 있다는 것을 의미했다. 또한 지진이 일어나고, 무덤이 열려 거룩한 자들이 다시 살아났다.

이러한 사건들은 로마 백부장과 예수님을 지키던 경호원들을 놀라게 했다. 그들은 예수님이 하나님의 아들이었다는 것을 알게 되었다. 예수님의 신성함을 알아본 것은 유대인들이 아니라, 도리어 이방인인 로마의 경호원이었다.

이 기적적인 사건들은 예수님의 진정한 정체를 밝히는 사건이 되었다. 그것들은 예수님의 속죄의 사명을 완성하는 일이었다. 이 속죄는 예수님이 십자가에서 돌아가심으로 가능한 일이었다. 예수님의 십자가의 승리는 인간의 죄를 이긴 승리였다.

십자가 위에서, 예수님은 그의 어깨 위에 놓인 세상의 죄의 무게를 느끼셨다. 예수님께서 감당해야 했던 고뇌에도 불구하고, 그는 모든 사람들이 죄로부터 용서받게 하기 위해 죽음의 길을 선택하셨다.

하나님의 성품

» 하나님은 우리를 너무나 사랑하셔서 우리의 삶이 풍성해 질 수 있도록 그의 아들을 보내주셨다.

» 예수님은 아버지의 사랑을 보여주시기 위해 우리를 위해 그의 생명을 아낌없이 주셨다.

신앙의 어휘

구원은 하나님께서 우리의 죄를 대신하시고 그와 우리의 관계를 바로 세우기 위해 하신 모든 일이다. 하나님은 자신의 아들, 예수님을 보내서 십자가에 못박혀 돌아가게 하고 우리의 구세주가 되게 하셨다. 예수님을 구주로 영접하는 사람은 구원이라는 선물을 받게 된다.

인물

막달라 마리아는 갈릴리 바다의 막달라라는 마을에서 온 여인이다.

구레네 사람 시몬은 예수님의 십자가를 대신 져 준 사람이다.

장소

구레네는 아프리카 북쪽의 도시이다.

골고다는 예수님이 십자가에서 돌아가신 장소이다.

거룩한 성은 예루살렘의 다른 이름이다.

기타 어휘

쓸개즙은 식물에서 나온 즙이다. 예수님은 십자가에 달려 계실 때 쓸개즙과 포도주를 섞은 것을 마시기를 거부하셨다. 그 즙은 고통을 완화시켜 주는 역할을 했다.

성전의 휘장은 청색, 자주색, 그리고 주홍색으로 성전의 외실로부터 거룩한 장소를 구별하기 위해 사용되었다.

활동

본 활동을 위해 다음의 준비물이 필요하다:

» 각 아이들을 위한 나무, 포스터 용지, 또는 종이
» 글을 쓰고 그림을 그릴 수 있는 도구들

아이들에게 이렇게 말한다: **오늘 우리는 십자가에** 돌아가신 예수님의 죽음에 대해 배우게 될 것입니다. 군사들은 예수님의 머리 위에 크게 죄패를 붙였습니다. 그것은 "이 사람은 유대인의 왕 예수"라고 써 있었습니다.

다른 사람이 여러분에 대해서 글을 쓴다면 어떻게 쓸까요?

아이들이 자신을 묘사할 수 있는 글을 쓴 패를 만들어 보게 한다. 가능하면, 만든 패를 액자로 만들어 집에 가져가게 한다.

성경의 가르침

수업을 시작하기 전에, 마태복음 27:32-56에서 응용한 다음의 이야기를 준비한다.

군사들이 골고다로 가는 길에, 구레네에서 온 시몬이라는 자를 만났습니다. 군사들은 그에게 예수님의 십자가를 대신 지게 하였습니다.

그들은 골고다에 갔습니다. 골고다는 해골의 장소라는 뜻입니다. 그 곳에서, 군사들은 예수님께 쓸개즙이 섞인 포도주를 마시게 했습니다. 예수님은 맛을 보신 후 마시기를 거부하셨습니다.

군사들이 예수님을 십자가에 못 박을 때, 예수님의 옷을 찢어 제비뽑기를 하였습니다. 그리고 앉아서 예수님을 지키고 있었습니다. 그들은 예수님에 대한 글을 쓴 패를 그의 머리 위에 걸었습니다. 그 패에는 "이 사람은 유대인의 왕, 예수"라고 적혀 있었습니다.

두 명의 강도가 예수님과 함께 십자가에 못박혔습니다. 한 명은 예수님의 오른쪽에 다른 한 명은 왼쪽에 묶여 있었습니다. 지나가는 사람들은 예수님을 모욕하며 말했습니다. "네 자신을 구원해 보아라! 네가 만약 하나님의 아들이라면, 십자가에서 내려와봐라!"

대제사장들과, 율법 선생들, 장로들도 예수님을 조롱하며 말했습니다. "그가 남들을 구원하면서도 자기는 구원하지 못하는구나! 십자가에서 스스로 내려올 수 있다면 그를 믿어 주겠다. 스스로 '나는 하나님의 아들이다.' 라고 했으니, 하나님께서 원하시면 그를 구원해 보시라고 하여라."

예수님의 옆에 있던 강도들도 그를 비웃었습니다.

제 육시부터 구시까지, 어두움이 온 땅을 덮었습니다. 약 구시가 되었을 때, 예수님은 큰 소리로 "엘리, 엘리, 라마 사막다니?" 라고 크게 외치셨는데, 그 말은 "나의 하나님, 나의 하나님, 왜 저를 버리셨나이까?" 라는 뜻입니다.

어떤 사람들은 예수님이 엘리야를 부른다고 생각했습니다. 어떤 사람이 신포도주를 스폰지에 적셔 긴 장대에 달아 예수님이 마실수 있게 올려 드렸습니다.

사람들은 "그를 그냥 내버려 두시오. 엘리야가 와서 그를 구하나 봅시다."고 했습니다.

그러자, 예수님은 큰 소리를 내시고 돌아가셨습니다.

그 순간, 성전의 휘장이 위에서 아래로 두 쪽이 났습니다. 땅은 흔들리고 바위들이 깨졌습니다. 무덤이 열려서 이미 죽었던 거룩한 자들이 많이 다시 살아났습니다. 이 사람들은 거룩한 성에 다니면서 여러 사람들에게 모습을 보였습니다.

백부장과 예수님을 지키던 경호원들은 두려워했습니다. 그들은 "그는 정말 하나님의 아들이었구나!" 라고 외쳤습니다.

많은 여인들이 예수님을 돕기 위해 갈릴리에서 쫓아왔습니다. 그들 중에는 막달라 마리아, 야고보와 요셉의 어머니 마리아, 세베대의 아들들의 어머니도 있었습니다. 그들은 이 모든 광경을 멀리서 지켜보았습니다.

아이들이 다음 질문에 대답할 수 있도록 도와 준다. 맞고 틀린 답은 없다. 이 질문들은 아이들이 이야기를 잘 이해하고 자신들의 삶에 적용하는 데 도움이 될 것이다.

1. 여러분이 구레네에서 온 시몬이라고 상상해 보세요. 예수님을 위해 무거운 십자가를 지고 갈

때 어떤 느낌이 들었을까요? 그 때 예수님의 제자들은 어디 있었습니까? 제자들이 예수님의 십자가를 지고 갔어야 한다고 생각합니까?

2. 여러분이 예수님을 십자가에 못박을 때 지켜보던 군중 중 한 사람이었다고 상상해 보세요. 예수님께 어떻게 반응하겠습니까? 예수님을 놀리겠습니까?

3. 마태복음 27:46을 읽어 보세요. 어떠한 고통으로 인해 예수님은 이런 말씀을 하셨을까요?

4. 백부장과 예수님을 지키던 경호원들에 대해 여러분은 어떻게 생각합니까? 대제사장과 장로들은 어떤 느낌이 들었을까요? 결국 예수님이 하나님의 아들이라는 사실을 믿게 되었을까요?

5. 예수님을 보살폈던 여인들은 그를 위해 어떤 일들을 했을까요? 예수님은 이 여인들에 대해 어떻게 생각했을까요?

이렇게 말한다: 예수님은 하나님께서 사람들을 구원하시기 위해 자신이 고통과 죽음을 겪게 하실 거라는 것을 알고 계셨습니다. 예수님의 죽음을 통해 우리는 죄사함과 영원한 생명을 얻을 수 있게 되었습니다.

여러분은 예수님께 여러분의 죄사함과 그를 구주로 영접하는 일을 구하였습니까? 만약 이를 예수님께 구하였다면, 여러분은 예수님과 함께 기뻐할 수 있습니다. 만약 아직 구하지 못하였다면, 지금 할 수 있습니다. 예수님은 여러분을 하나님의 가족의 한 사람으로 맞이하고 싶어하십니다.

암송 요절

본문의 암송 요절을 연습한다. 몇 가지 아이디어가 137-138쪽에 나와 있다.

추가 활동

아이들의 효과적인 성경 공부를 위해 다음 활동 중 추가 선택할 수 있다.

1. 아이들이 누군가를 위해 희생하고 싶은 것이 있는지 물어본다. 그 예로는 언니/형이나 동생이 집을 치우는 일을 내 시간을 희생해서 도와주는 것이다. 또는 도움이 필요한 사람을 위해 시간이나 돈을 희생하는 것도 그 예이다. 이렇게 물어 본다: **여러분이 희생할만한 무언가를 가지고 있습니까? 여러분의 희생은 다른 사람들을 어떻게 도와줄 수 있습니까?**

   예수님의 희생은 우리가 할 수 있는 그 어떤 것보다 큰 것입니다. 그러나, 우리의 희생을 통해 예수님이 사람들의 죄사함을 위해 그의 생명을 주셨을 때 어떤 느낌이셨을지 생각해 볼 수 있습니다.

2. 예수님의 죽음을 목격한 여러 종류의 사람들이 있었다. 이야기를 큰 소리로 읽어 준다. 반 전체가, 다음 종류의 사람들이 어떻게 행동했는지 적어 본다: 관중들, 대제사장들, 백부장과 군사들, 그리고 여인들. 아이들에게 물어본다: **여러분은 이들 중 어떤 사람들과 함께 하였겠습니까? 예수님께 어떤 반응을 보였겠습니까?**

성경 퀴즈 기본 문제

아이들의 성경 퀴즈 준비를 위해 마태복음 27:32-56를 읽어 준다..

1 예수님을 위해 십자가를 대신 진 사람은 누구입니까? (27:32)
1. 사마리아 사람 유다
2. 막달라 사람 마리아
3. **구레네 사람 시몬**

2 예수님을 십자가에 못 박기 위해 데려간 곳은 어디입니까? (27:33)
1. 갈릴리
2. **골고다**
3. 사해

3 군사들은 예수님의 옷을 가지고 무엇을 했습니까? (27:35)
1. **제비뽑기를 해서 옷을 나누었다.**
2. 팔았다.
3. 불쌍한 사람에게 주었다.

4 예수님이 십자가에 못 박히셨을 때, 머리 위에 어떤 글이 적힌 패가 걸렸습니까? (27:37)
1. "이는 배신자 예수"
2. **"이는 유대인의 왕 예수"**
3. "이는 예수라고 불리는 자"

5 예수님 옆의 십자가에 달린 사람들은 누구였습니까? (27:38)
1. 바라바와 유다
2. **두 명의 강도**
3. 베드로와 요한

6 예수님의 옆에 있던 두 강도들은 어떻게 했습니까? (27:44)
1. **예수님을 모욕했다.**
2. 예수님께 용서해 달라고 빌었다.
3. 위의 답 모두

7 사람들은 예수님이 엘리야를 부른다고 생각했을 때 예수님께 무엇을 드리려고 했습니까? (27:47:48)
1. 물
2. **신포도주**
3. 위의 답 모두

8 예수님이 돌아가셨을 때, 성전에 어떤 일이 일어났습니까? (27:50-51)
1. 불이 나서 성전이 파괴되었다.
2. **성전의 휘장이 위에서 아래로 찢어졌다.**
3. 성전이 무너졌다.

9 무덤에서 살아난 거룩한 사람들은 어떤 행동을 했습니까? (27:52-53)
1. **예루살렘에 있는 많은 사람들에게 나타났다.**
2. 아픈 사람들을 고쳤다.
3. 복음을 전했다.

10 백부장과 예수님을 지켰던 경호원들이 예수님이 하나님의 아들이라고 말하게 된 것은 언제입니까? (27:54)
1. 예수님이 말대꾸하지 않으셨을 때
2. **모든 일이 일어난 것을 보았을 때**
3. 위의 답 모두

성경 퀴즈 고급 문제

아이들의 성경 퀴즈 준비를 위해 마태복음 27:32-56를 읽어 준다.

1 구레네 사람 시몬은 무엇을 하였습니까? (27:32)
  1. 예수님의 십자가를 대신 졌다.
  2. 예수님을 채찍질했다.
  3. 예수님의 손을 십자가에 못박았다.
  4. 예수님을 조롱했다.

2 골로다는 무슨 뜻입니까? (27:33)
  1. 죽음의 장소
  2. 해골의 장소
  3. 피의 들판
  4. 토기장이의 들판

3 십자가에 달리신 예수님의 옆으로 지나던 사람들은 무슨 행동을 하였습니까? (27:39-40)
  1. 예수님을 모욕하였다.
  2. 예수님께 기도하였다.
  3. 예수님께 자비를 베풀어 달라고 간청하였다.
  4. 위의 답 모두

4 사람들은 예수님이 진정 하나님의 아들이라면, 어떻게 해 보라고 말하였습니까? (27:40)
  1. 홍해를 가르라고
  2. 십자가에서 내려와 보라고
  3. 로마 군병들을 죽이라고
  4. 대제사장을 죽여 보라고

5 예수님은 어떻게 소리지르셨습니까? (27:46)
  1. "죄송합니다."
  2. "엘리야여, 와서 도와 주소서."
  3. "나의 하나님, 나의 하나님, 어찌하여 나를 버리셨나이까?"
  4. "심판의 날이 당신에게 달려 있습니다."

6 예수님께서 십자가 위에서 소리지르실 때 왜 사람들이 "가만 두라"고 하였습니까? (27:49)
  1. 하나님이 천사들을 보내어 예수님을 구하나 보려고
  2. 예수님이 고통받는 걸 보고 싶어서
  3. 예수님이 더러운 귀신이 들렸다고 생각해서
  4. 엘리야가 와서 그를 구하나 보려고

7 예수님의 영혼이 떠나고 돌아가시기 전에 어떻게 하셨습니까? (27:50)
  1. 큰 소리를 지르셨다.
  2. 떡과 포도주를 드셨다.
  3. 주기도문을 외우셨다.
  4. 시편을 인용하셨다.

8 두려워 하며 "이는 진실로 하나님의 아들이었도다" 라고 말한 사람들은 누구입니까? (27:54)
  1. 대제사장들
  2. 바리새인들
  3. 백부장과 예수님을 지키던 자들
  4. 제자들

9 예수님을 돕기 위해 갈릴리에서 온 여인들은 누구입니까? (27:55-56)
  1. 마리아, 마르다, 다비다
  2. 막달라 마리아, 야고보와 요셉의 어머니 마리아, 야고보와 요한의 어머니
  3. 마르다, 마리아, 도르가
  4. 마리아라는 이름의 세 명의 여인들

10 다음 요절을 완성하세요: "하나님이 세상을 이처럼 사랑하사 독생자를 주셨으니 이는 ..." (요 3:16)
  1. "그를 아는 자마다 하나님을 알리라."
  2. "그를 믿는 자마다 멸망하지 않고 영생을 얻게 하심이라."
  3. "그의 사랑을 나누는 자마다, 사랑을 받으리라."
  4. "그에게 용서를 구하는 자마다 용서를 받으리라."

제 20 공과

마태복음 27:57-28:20

마태복음 27:57-28:20

암송 요절

"그러므로 너희는 가서 모든 민족을 제자로 삼아 아버지와 아들과 성령의 이름으로 세례를 베풀고 내가 너희에게 분부한 모든 것을 가르쳐 지키게 하라 볼지어다 내가 세상 끝날까지 너희와 항상 함께 있으리라 하시니라" (마태복음 28:19-20)

성경의 진리

예수님은 죽은 자 가운데서 살아나셨고, 자기를 따르는 자들에게 위대한 사명을 주셨다.

요점

이번 공과에서는, 예수님이 그를 믿는 자들에게 모든 민족으로 그의 제자를 삼으라고 명령하셨음을 배우게 된다.

교사를 위한 도움의 말

성경 공부를 진행할 때 부활의 기적에 초점을 맞춘다. 예수님이 다시 사셨기 때문에, 우리에게는 새로운 삶에 대한 희망이 있다.

성경 배경

아리마대 사람 요셉은 예수님의 심판을 집행한 공회에 속한 사람이었다. 마가복음과 누가복음에 따르면, 요셉은 예수님의 숨겨진 제자였다.

그 당시에는 스승의 시신을 묻는 것은 흔히 볼 수 있는 일이었다. 요셉이 빌라도에게 예수님의 시신을 달라고 했을 때, 이 일 역시 이상한 일이 아니었다. 로마의 법은 죄인이 죽었을 때, 정식 장례를 치르지 않았다. 요셉이 자신의 시간과 경비를 들여 예수님의 장례를 제대로 갖추어 치른 것은, 그가 예수님께 예우를 지킨 것이었다.

이러한 상황은 부활의 증거를 세 가지로 보여 준다. 첫째, 예수님의 시신이 돌문이 달린 새무덤에 안착되었다는 것은 예수님께서 분명히 돌아가셨다는 것이다. 둘째, 돌문은 안에서 사람이 혼자서 열고 나올 수 없는 것이었다. 마지막으로, 누군가가 예수님의 시신을 다른 사람의 시신과 바꿀 수 없는 상황이었다는 것이다.

대제사장들과 바리새인들은 예수님이 삼일 만에 부활하실 거라고 했던 예언을 기억하고 있었다. 그들은 제자들이 부활이 일어났다고 공포하는 것을 막기 위해 여러 가지를 대비했다. 그러나, 지진, 천사, 두려움에 떨던 무덤 경비병들, 그리고 굴려진 돌문등은 예수님의 부활을 증거하는 또 다른 증거들이다.

이러한 증거는 예수님이 자신이 주장하시던 바로 그 분이었으며 그의 사명이 성공적으로 이루어졌음을 말해주었다. 예수님의 속죄는 부활로 인해 완전함을 이루었다. 믿는 자들은 예수님의 죽음과 부활로 인해 새로운 삶을 경험할 수 있게 된 것이다.

하나님의 성품

» 예수님은 죽음에서 다시 살아나셨고, 죽음을 이기는 권능을 입증하셨다.
» 예수님은 우리가 모든 민족으로 제자 삼기를 원하신다.

신앙의 어휘

지상 명령 (Great Commission)은 예수님께서 전 세계의 사람들에게 가서, 말을 전하고, 세례를 주고, 복음을 나누라고 명령하신 것이다.

인물

요셉은 공회의 일원이며 부자인 유대인이었다. 그는 비밀리에 예수님을 믿었다. 자신의 재산으로 예수님의 장례식을 제대로 치른 사람이다.

장소

아리마대는 예루살렘의 북서쪽으로 32 킬로 떨어진 도시이다.

기타 어휘

준비일은 안식일 전날이거나 유대인들의 명절 전날이다.

안식일은 하나님께서 휴식과 예배를 위해, 그리고 다른 사람들을 도우라고 정해 놓으신 날이다.

제자 삼는 것은 다른 사람에게 예수님에 대해 가르쳐 주고 그를 따라 사는 법을 가르쳐 주는 것이다.

활동

본 활동을 위해 다음의 준비물이 필요하다:

» 아이들 수 만큼의 부드러운 돌맹이
» 싸인펜이나 물감

수업을 시작하기 전, 돌맹이들을 깨끗이 닦는다. 아이들이 돌맹이 위에 그림을 그리기에 충분한지 한 개씩 크기를 확인한다.

아이들에게 말한다: **예수님이 죽음에서 다시 살아나셨을 때, 무덤을 막고 있던 돌은 입구에서 밀려 있었습니다. 오늘, 우리는 예수님의 부활을 기억하기 위해 돌맹이를 장식할 것입니다. 싸인펜이나 물감을 이용해서, 여러분의 돌맹이 위에 "예수님은 다시 사셨다!" 라고 쓰세요. 그리고 예쁘게 장식하세요.**

아이들이 돌맹이 장식을 끝내면, 반 아이들에게 보여주게 한다. 이렇게 말한다: **오늘 우리는 예수님의 부활을 기억하기 위한 일을 한 가지 했습니다. 자, 이제 부활에 관한, 그리고 예수님이 제자들에게 주신 사명에 대한 이야기를 들어 보겠습니다.**

성경의 가르침

수업 전에, 마태복음 27:57-20에서 응용한 다음의 이야기를 준비한다.

예수님이 돌아가신 후에, 아리마대 사람 요셉은 빌라도에게 예수님의 시신을 달라고 부탁했습니다. 빌라도는 그에 동의했고 요셉은 예수님의 몸을 세마포로 싸고 무덤 입구에 큰 돌을 굴려서 막았습니다.

대제사장과 바리새인들은 빌라도에게 갔습니다. 그들은 이렇게 말했습니다. "총독이여, 예수는 자기가 죽은 후 삼일 후에 다시 살아날 거라고 말해 왔습니다. 그러니 경비병들이 무덤을 삼일동안 지키게 명령을 내려 주십시오. 그렇지 않으면, 그의 제자들이 와서 시신을 훔쳐간 후, 죽었다가 살아났다고 주장할지도 모릅니다."

빌라도는 "경비병을 데려가서 무덤을 최대한 안전하게 지키시오." 라고 말했습니다. 그래서 그들은 돌문을 봉인하고 경비병들이 무덤을 지켰습니다.

안식일이 지나고 막달라 마리아와 또 다른 마리아가 무덤으로 갔습니다. 그러자 큰 지진이 일어나고, 천사가 하늘에서 내려왔습니다. 천사는 돌문을 밀어내고 그 위에 앉아 있었습니다. 경비병들은 천사를 보고 너무 무서워져서 몸이 떨리고 마치 죽은 사람처럼 뻣뻣해졌습니다.

천사는 여인들에게 말했습니다. "두려워하지 말아라. 너희가 돌아가신 예수를 찾고 있는 것을 알고 있다. 그는 약속하신대로 다시 살아 나셨다. 보아라, 그의 무덤은 비어 있다. 그의 제자들에게 가서 예수님은 죽은 자 가운데서 살아나셨다고 말하여라. 그리고 예수님은 그들보다 앞서 갈릴리로 갈 것이라고도 알려라. 너희들도 거기에서 그를 만나게될 것이다."

여인들은 서둘러 무덤에서 나왔습니다. 그리고 제자들에게 그 말을 전하러 갔습니다. 그러나, 예수님은 여인들이 가는 길에 나타나셨습니다. 예수님이 여인들에게 인사를 하시자, 여인들은 그의 손과 발을 만져 보았습니다. 예수님은 "두려워 말아라. 내 제자들에게 갈릴리로 가서 나를 만나라고 전하여라. 거기에서 나를 보게 될 것이다."라고 말씀하셨습니다.

경비병들은 성으로 들어가서 대제사장들에게 일어난 일을 보고하였습니다. 대제사장들과 장로들은 계획을 짰습니다. 경비병들에게 큰 돈을 주면서 이렇게 말했습니다. "사람들에게 제자들이 밤에 와서 시신을 훔쳐갔다고 말하여라. 그러면 총독이 너를 벌하지 않으실 것이다." 경비병들은 돈을 챙기고 그 계획대로 했습니다. 오늘날까지도 많은 유대인들은 그렇게 믿고 있습니다.

열 한명의 제자들은 갈릴리에서 예수님을 만났습니다. 예수님은 제자들에게 이렇게 말씀하셨습니다. "모든 민족들에게 가서 제자를 만들어라. 그리고 아버지와, 아들과 성령의 이름으로 그들에게 세례를 주어라. 그들이 내가 가르쳐 준 모든 것에 순종할 수 있도록 가르쳐 주어라. 나는 세상이 끝나는 날까지, 영원히 너희들과 함께 있을 것이다."

아이들이 다음 질문에 답할 수 있도록 도와준다. 맞고 틀린 답은 없다. 이 질문들은 아이들이 이야기를 잘 이해하고 자신들의 삶에 응용하는데 도움이 될 것이다.

1. 바리새인들과 장로들은 예수님이 죽은 자 가운데서 살아나신 것을 믿었습니까? 왜 경비병들에게 거짓말을 하라고 시켰습니까?
2. 요셉은 왜 자신의 돈과 무덤을 예수님을 장례하

는 데 사용했습니까? 누군가가 여러분을 위해 자신의 소중한 것을 희생한 적이 있습니까?
3. 마태복음 28:16-20절은 보통 지상 명령이라고 부릅니다. 우리가 모든 민족을 제자 삼으라는 예수님의 명령을 지키면서 살 수 있는 방법에는 어떤 것들이 있습니까?

이렇게 말한다: 여러분이 들어본 소식 중에 가장 최고의 소식은 어떤 것이었습니까? 제자들이 예수님이 돌아가신 후 삼일째 되는 날 들은 소식은 그들에게 최고의 소식이었습니다. 제자들은 예수님이 돌아가셨다고 생각했는데 그가 살아나셨다는 것을 알게 된 것입니다. 예수님의 부활은 기독교를 이 땅의 다른 종교들과 구분되게 합니다. 바로 이것이 오늘날에도 전파되고 있는 복음인 것입니다.

예수님께서 주신 명령은 전 세계로 나가서 제자를 만들고, 그들에게 세례를 주고, 가르치라는 것입니다. 이 명령은 우리에게도 똑같습니다. 그 목적은 예수 그리스도의 복음을 전 세계에 알리는 것입니다. 예수님은 언제나 우리와 함께 하신다고 약속하셨습니다!

암송 요절

본문의 암송 요절을 연습한다. 몇 가지 아이디어가 137-138쪽에 나와 있다.

추가 활동

어린이들의 효과적인 성경 공부를 위하여 다음 중 추가 선택할 수 있다.

1. 마태복음에서 예수님은 많은 기적들을 보이셨다. 반 전체가, 그 기적들을 적어본다. 싸인펜이나 크레파스를 이용해 반 아이들이 가장 좋아하는 기적들을 그려본다.

2. "제자" 라는 뜻을 조사해 본다. 예수님은 그
   의 제자들을 어떻게 교육하셨는가? 반 전체가,
   우리도 우리 삶속에서 다른 사람들과 그런 관
   계를 갖을 수 있는 방법에 대해 이야기해 본다.

성경 퀴즈 기본 문제

아이들의 성경 퀴즈 준비를 위해, 마태복음 27:57-28:20을 읽어 준다.

1 요셉은 예수님의 시신을 어떻게 했습니까? (27:59-60)

  1. 깨끗한 세마포로 쌌다.

  2. 자신의 새로운 무덤에 안장시켰다.

  3. 위의 답 모두

2 요셉은 무덤의 입구를 어떻게 했습니까? (27:60)

  1. 무덤 입구에 큰 돌을 굴려 막았다.

  2. 무덤에 꽃을 남겨 두었다.

  3. 무덤 밖에 예수라는 명패를 걸어 놓았다.

3 대제사장들과 바리새인들은 어떻게 무덤이 안전할 거라고 확신했습니까? (27:66)

  1. 돌무덤 위에 봉인을 했다.

  2. 경비병들을 세웠다.

  3. 위의 답 모두

4 안식일 다음 날 새벽 무덤을 보러 온 사람들은 누구입니까? (28:1)

  1. 막달라 마리아와 다른 마리아

  2. 베드로와 요한

  3. 빌라도

5 무덤에 어떤 일이 일어났습니까? (28:2)

  1. 제자들이 예수님의 시신을 가져갔다.

  2. 하늘에서 천사가 내려와 돌문을 굴렸다.

  3. 소나기가 내렸다.

6 무덤을 지키던 경비병들이 천사를 보았을 때 어떻게 되었습니까? (28:4)

  1. 천사에게 경배를 했다.

  2. 너무 무서워서 몸이 떨리고 죽은 사람들처럼 보였다.

  3. 화가 났다.

7 여인들이 무덤에서 나와 바쁘게 가는 길에 누구를 만났습니까? (28:8-9)

  1. 예수님

  2. 더 많은 천사들

  3. 베드로, 야고보, 요한

8 대제사장들에게 무덤에서 일어난 모든 일에 대해 말해 준 사람은 누구입니까? (28:11)

  1. 경비병들

  2. 제자들

  3. 천사들

9 대제사장들과 장로들은 경비병들이 예수님이 무덤에 없다고 보고했을 때 어떻게 했습니까? (28:12-15)

  1. 예수님을 성 내에서 찾아 냈다.

  2. 제자들을 죽일 음모를 짰다.

  3. 경비병들에게 돈을 주고 제자들이 예수님의 시신을 가져갔다고 말하라고 시켰다.

10 열 한명의 제자들이 갈릴리로 가서 예수님을 보았을 때 어떻게 했습니까? (28:16-17)

  1. 두려워서 도망갔다.

  2. 경배드렸다. 그러나 몇 명의 제자들은 의심을 했다.

  3. 위의 답 모두

성경 퀴즈 고급 문제

아이들의 성경 퀴즈 준비를 위해 마태복음 27:57-28:20을 읽어 준다.

1 아리마대의 요셉은 어떤 행동을 했습니까? (27:57-58)
  1. 빌라도에게 예수님의 시신을 달라고 했다.
  2. 대제사장들이 예수님의 시신을 소유하고 있었기 때문에 그들에게 돈을 냈다.
  3. 12명의 제자들을 찾았다.
  4. 가난한 사람들에게 엄청난 돈을 주었다.

2 예수님을 장사한 후, 바리새인들과 대제사장들은 제자들이 어떤 일을 할까봐 두려워했습니까? (27:64)
  1. 예수님을 죽은 자들 가운데서 다시 살릴까봐
  2. 예수님의 시신을 훔쳐 갈까봐
  3. 대제사장을 죽일까봐
  4. 도망가서 숨을까봐

3 경비병들은 무덤을 며칠 동안 지켜야 한다고 했습니까? (27:64)
  1. 하루
  2. 이틀
  3. 사흘
  4. 일 년

4 빌라도와 그의 관리들은 무덤을 안전하게 지키기 위해 어떻게 했습니까? (27:66)
  1. 입구를 먼지로 덮었다.
  2. 문에 자물쇠를 달았다.
  3. 돌문 위에 봉인을 하고 경비병을 세웠다.
  4. 대제사장들과 장로들이 무덤을 둘러쌌다.

5 예수님의 무덤 입구의 돌문을 누가 굴렸습니까? (28:2)
  1. 두 여인들
  2. 빌라도
  3. 니고데모
  4. 주님의 천사

6 천사는 여인들에게 예수님에 대해 어떻게 말했습니까? (28:5-7)
  1. "아버지에게로 돌아가셨다."
  2. "성전에 계신다."
  3. "제자들과 함께 계신다."
  4. "그가 말씀하신대로 다시 살아나셨다."

7 천사는 여인들에게, 제자들에게 어떻게 말하였습니까? (28:7)
  1. "그는 죽은 자들 가운데서 살아나셨고 너희들보다 앞서 갈릴리로 가고 계신다."
  2. "모든 것이 끝났다. 예수님은 살아나지 못하셨다."
  3. "모든 민족으로 제자를 삼아라."
  4. "예수님에 대해 아무에게도 말하지 말아라."

8 대제사장들이 예수님의 제자들이 그의 시신을 훔쳐 갔다고 말하라고 경비병들에게 준 것은 무엇입니까? (28:12-13)
  1. 큰 액수의 돈
  2. 승진
  3. 잔치
  4. 경고

9 예수님은 무엇을 갖고 계시다고 말씀하셨습니까? (28:18)
  1. 큰 힘
  2. 하늘과 땅의 권세
  3. 하늘의 부
  4. 영원한 생명

10 지상 명령에서 예수님께서 제자들에게 명령하신 것은 무엇입니까? (28:19-20)
  1. 모든 민족으로 제자 삼으라고
  2. 세례를 주라고
  3. 가르치라고
  4. 위의 답 모두

암송 요절

다음 요절들은 각 공과의 암송 요절이다. 학습의 목적을 위해 본 암송을 복사해서 아이들에게 나누어 줄 수 있다.

제 1 공과

"아들을 낳으리니 이름을 예수라하라 이는 그가 자기 백성을 그들의 죄에서 구원할 자이심이라 하니라" (마태복음 1:21)

제 2 공과

"예수께서 대답하여 이르시되 기록되었으되 사람이 떡으로만 살 것이 아니요 하나님의 입으로부터 나오는 모든 말씀으로 살 것이라 하였느니라 하시니" (마태복음 4:4)

제 3 공과

"심령이 가난한 자는 복이 있나니 천국이 그들의 것임이요 애통하는 자는 복이 있나니 저희가 위로를 받을 것임이요 온유한 자는 복이 있나니 그들이 땅을 기업으로 받을 것임이요 의에 주리고 목마른 자는 복이 있나니 그들이 배부를 것임이요" (마태복음 5:3-6)

제 4 공과

"긍휼히 여기는 자는 복이 있나니 그들이 긍휼히 여김을 받을 것임이요 마음이 청결한 자는 복이 있나니 그들이 하나님을 볼 것임이요 화평하게 하는 자는 복이 있나니 그들이 하나님의 아들이라 일컬음을 받을 것임이요 의를 위하여 박해를 받은 자는 복이 있나니 천국이 그들의 것임이라" (마태복음 5:7-10)

제 5 공과

"나로 말미암아 너희를 욕하고 박해하고 거짓으로 너희를 거슬러 모든 악한 말을 할 때에는 너희에게 복이 있나니 기뻐하고 즐거워하라 하늘에서 너희의 상이 큼이라 너희 전에 있던 선지자들도 이같이 박해하였느니라" (마태복음 5:11-12)

제 6 공과

"하나님이여 주의 도는 극히 거룩하시오니 하나님과 같이 위대한 신이 누구오니이까 주는 기이한 일을 행하신 하나님이시라 민족들 중에 그의 능력을 알리시고" (시편 77:13-14)

제 7 공과

"이에 제자들에게 이르시되 추수할 것은 많되 일꾼이 적으니 그러므로 추수하는 주인에게 청하여 추수할 일꾼들을 보내 주소서 하라 하시니라." (매태복음 9:37-38)

제 8 공과

"수고하고 무거운 짐 진 자들아 다 내게로 오라 내가 너희를 쉬게 하리라 나는 마음이 온유하고 겸손하니 나의 멍에를 메고 내게 배우라 그러면 너희 마음이 쉼을 얻으리니" (마태복음 11:28-29)

제 9 공과

"그런즉 너희는 먼저 그의 나라와 그의 의를 구하라 그리하면 이 모든 것을 너희에게 더하시리라" (마태복음 6:33)

제 10 공과

"네 짐을 여호와께 맡기라 그가 너를 붙드시고 의인의 요동함을 영원히 허락하지 아니하시리로다" (시편 55:22)

제 11 공과

"시몬 베드로가 대답하여 가로되 주는 그리스도시요 살아 계신 하나님의 아들이시니이다" (마태복음 16:16)

제 12 공과

"예수께서 이르시되 어린 아이들을 용납하고 내게 오는 것을 금하지 말라 천국이 이런 사람의 것이니라하시고" (마태복음 19:14)

제 13 공과

"예수께서 이르시되 네 마음을 다하고 목숨을 다하고 뜻을 다하여 주 너의 하나님을 사랑하라 하셨으니 이것이 크고 첫째 되는 계명이요 둘째도 그와 같으니 네 이웃을 네 자신 같이 사랑하라" (마태복음 22:37-39)

제 14 공과

"불법이 성하므로 많은 사람의 사랑이 식어지리라 그러나 끝까지 견디는 자는 구원을 얻으리라" (마태복음 24:12-13)

제 15 공과

"우리는 그리스도 안에서 그의 은혜의 풍성함을 따라 그의 피로 말미암아 속량 곧 죄 사함을 받았느니라" (에베소서 1:7)

제 16 공과

"조금 나아가사 얼굴을 땅에 대시고 엎드려 기도하여 이르시되 내 아버지여 만일 할 만하시거든 이 잔을 내게서 지나가게 하옵소서 그러나 나의 원대로 마옵시고 아버지의 원대로 되기를 원하나이다" (마태복음 26:39)

제 17 공과

"이에 예수께서 제자들에게 이르시되 누구든지 나를 따라오려거든 자기를 부인하고 자기 십자가를 지고 나를 따를 것이니라" (마태복음 16:24)

제 18 공과

"그리스도라 하는 예수를 내가 어떻게 하랴" (마태복음 27:22a)

제 19 공과

"하나님이 세상을 이처럼 사랑하사 독생자를 주셨으니 이는 그를 믿는 자마다 멸망하지 않고 영생을 얻게 하려 하심이라" (요한복음 3:16)

제 20 공과

"그러므로 너희는 가서 모든 민족을 제자로 삼아 아버지와 아들과 성령의 이름으로 세례를 베풀고 내가 너희에게 분부한 모든 것을 가르쳐 지키게 하라 볼지어다 내가 세상 끝날까지 너희와 항상 함께 있으리라 하시니라" (마태복음 28:19-20)

성경 암송 게임

성경책 돌리기

이 활동을 하기 위해서는 성경책 한 권과 음악이 필요하다. 아이들을 동그랗게 앉히고 한 아이에게 성경책을 준다. 음악이 시작되면, 아이들은 성경책을 옆에 앉은 친구들에게 전달한다. 음악이 멈추면, 성경책을 들고 있는 아이가 성경 구절을 암송한다. 음악을 잘 조절해서 모든 아이들이 성경 암송을 할 수 있도록 한다.

풍선 터뜨리기

풍선, 유성펜, 테이프가 필요하다. 풍선을 요절의 단어 수만큼 불고 각 풍선마다 유성펜으로 요절의 단어를 하나씩 쓴다. 풍선을 요절 순서대로 벽에 테이프로 붙인다. 아이들이 모두 함께 요절을 읽도록 한다. 아이 한 명이 나와서 풍선 하나를 터뜨린다. 없어진 단어를 기억하면서 다시 모두 요절을 외운다. 다른 아이가 나와서 풍선 하나를 또 터뜨린다. 모두 함께 요절을 다시 외운다. 풍선이 모두 없어질 때까지 게임을 계속하고 아이들이 요절을 외워서 말할 수 있게 한다.

암송 요절 퍼즐

각 종이/카드 위에 요절의 단어 하나씩, 또는 요절이 너무 긴 경우에는 짧은 구절씩 나누어 쓴다. 두 팀이 게임을 할 수 있도록 두 세트의 요절 카드를 만든다.

반을 두 팀으로 나눈다. 각 팀 앞에 요절을 쓴 카드들을 바닥에 늘어 놓는다. 순서를 뒤섞어 놓는다. 선생님이 신호를 주면, 첫 번째 아이가 나가서 첫 번째 단어를 찾아서 들고 도착선으로 뛴다. 바닥에 단어카드를 내려 놓고 다시 돌아와 아이들이 선 줄의 맨 끝에 선다. 다음 아이가 나가서 두 번째 단어카드를 찾아서 도착선에 내려놓고 다시 돌아온다. 각 팀이 요절을 완성할 때까지 게임을 계속한다. 한 번에 아이들이 모두 참여하지 못하면 게임을 두 번 진행한다. 게임이 끝나면 양팀이 모두 큰 소리로 요절을 외운다.

성경 암송 줄 세우기 게임

각 종이/카드 위에 요절의 단어를 하나씩 쓴다. 모든 아이들이 요절 카드를 한 장씩 들게 하고 교실에 흩어져 서 있게 한다. 남은 아이를 한 명 선택해서 친구들이 들고 서 있는 암송 카드를 보고 아이들을 순서대로 데려와서 한 줄로 서게 한다. 반 전체가 모두 요절을 외운다.

스마일 암송 게임

일회용 종이 접시 혹은 동그란 모양의 종이 위에 요절의 단어 하나씩을 써 넣는다. 접시를 아이들에게 나누어 주고 뒷면에 웃는 얼굴을 그리게 한다. 접시들을 요절이 보이게 순서대로 벽에 붙인다. 모두 함께 읽는다. 한 아이를 선택하여 접시를 뒤집게 해서 웃는 얼굴인 스마일이 보이게 한다. 아이들이 모두 요절을 다시 읽는다. 다른 아이가 나와서 또 다른 접시를 뒤집는다. 모두 다시 한번 읽는다. 모든 접시가 웃는 얼굴로 바뀔 때까지 게임을 계속 한다.

거미줄 암송 복습

털실 한 뭉치가 필요하다. 아이들을 원으로 세운다. 털실 뭉치를 한 아이에게 던지고 요절의 첫 번째 단어를 말하게 한다. 아이는 단어를 말한 후, 털실 끝을 검지 손가락 끝에 묶고 반대편에 선 아이를 선택해서 털실 뭉치를 던진다. 두 번째 아이는 두 번째 요절 단어를 말하고 또 검지 손가락에 실을 묶는다. 모든 아이들에게 순서가 돌아갈 때까지 게임을 계속한다. 털실이 왔다 갔다 하면서 거미줄처럼 모양을 만든다.

일어서기 암송 게임

아이들을 동그랗게 앉힌다. 첫 번째 아이가 일어서서 요절의 첫 번째 단어를 말하고 앉는다. 다음 아이가 일어나서 두 번째 단어를 말한 후 앉는다. 아이들이 요절을 완성할 때까지 게임을 계속한다. 두 번째 할 때에는 처음보다 더 빠르게 하게 한다. 얼마나 빠른 속도로 할 수 있는지 지켜보자고 한다.

성경 요절 뒤집기 게임

각 종이 위에 요절 단어를 하나씩 쓴다. 요절 카드를 섞어서 아이들에게 나누어 준다. 아이들은 받은 카드를 보면서 순서대로 정렬하여 서게 한다. 모두 함께 읽어 보도록 한다. 한 아이가 카드를 뒤집어서 아이들이 볼 수 없게 한다. 그리고 모두 함께 다시 요절을 읽어 본다. 같은 방법으로 모든 카드가 뒤집어져서 단어가 하나도 보이지 않을 때까지 게임을 계속한다.

출석표

주워진 칸에 아이들의 이름을 작성합니다. 어린이가 참석한 수업에 X표시를 하세요. 칸이 더 필요하면 출석표를 복사해서 사용할 수 있습니다.

학생 이름	1	2	3	4	5	6	7	8	9	10	11	12	13	14	15	16	17	18	19	20

어린이 성경 퀴즈 점수표

방법: 기본 퀴즈는 1-15번 까지의 문항을 사용합니다. 고급 퀴즈는 20번까지의 문항을 사용합니다. 전체 지침은 공식 규칙 및 절차를 참조하십시오.

교회/팀이름: _____

라운드 1

이름:

	1	2	3	4	5	6	7	8	9	10	11	12	13	14	15	16	17	18	19	20	합계
팀 보너스:																					팀 합계

라운드 2

이름:

	1	2	3	4	5	6	7	8	9	10	11	12	13	14	15	16	17	18	19	20	합계
팀 보너스:																					팀 합계

라운드 3

이름:

	1	2	3	4	5	6	7	8	9	10	11	12	13	14	15	16	17	18	19	20	합계
팀 보너스:																					팀 합계

D-코드 도전

성경 퀴즈 - 문을 열고, 무제한으로, 이해의 폭 넓히기

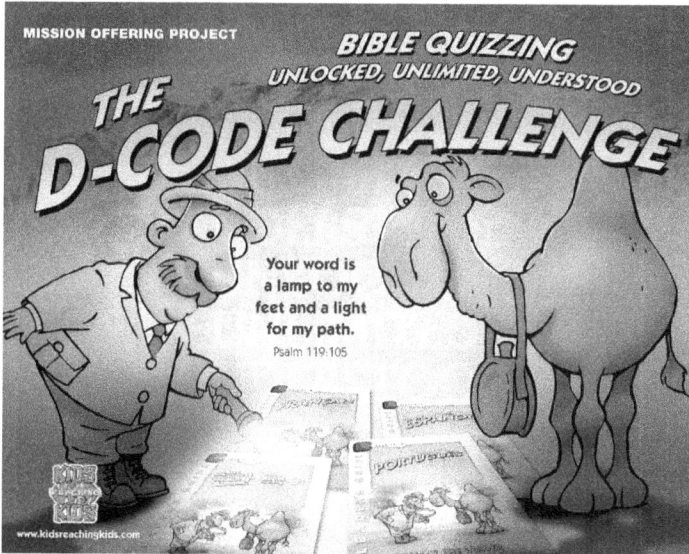

2008-2009년, 어린이 주체 어린이 전도 선교 헌금 프로젝트에서, D-코드 도전 프로젝트는 어린이 성경 퀴즈 자료를 번역, 제작, 배포하기 위해 기금 마련을 준비했다. 전 세계의 아이들, 지방 총회, 개교회들이 이 노력에 참여해서 D-코드 도전을 위해 31만 달러를 후원하였다. 그 중 가장 큰 70% (21만 6천달러)는 어린이 성경 퀴즈 번역에 지정되었다. 여러분이 지금 보고 있는 이 책은, 원래 나사렛 출판사에서 영어로 제작되었고 지금은 나사렛 국제 어린이 사역부, 국제 나사렛 출판사, 또한 재능있는 여러 번역가들의 노력에 의해 국제 영어판, 불어, 한국어, 포르투칼어, 스페인어로 번역되었다.

어린이 주체 어린이 전도

(Kids Reaching Kids)

어린이 주체 어린이 전도 선교 헌금 프로젝트는 전 세계에 있는 어린이들을 위한 여러 가지 선교와 특별 선교를 위해 매년 강조하는 어린이 선교의 중점이다. 어린이 주체 어린이 전도는 어린이들, 개교회들, 지방 총회들, 지구들이 각 지구의 아이들이 영적으로, 교육적으로, 신체적으로, 사회적으로 필요로 하는 기금에 참여할 수 있도록 격려한다. 어린이 주체 어린이 전도 선교 헌금에 관한 더 자세한 정보는 www.kidsreachingkids.com에 들어가면 나와 있다.

www.ingramcontent.com/pod-product-compliance
Lightning Source LLC
Chambersburg PA
CBHW081541040426
42448CB00015B/3169